AVANT-

La littérature française est née un matin d'hiver à Strasbourg le 14 février 842. Ce jour-là un Serment d'alliance entre deux rois, proclamé en deux langues représentatives des parlers tudesque et roman contenait en germe l'organisation des littératures nationales en Europe. Une fois enregistrées officiellement, les langues vulgaires témoigneront de la division des populations et de leur vocation communautaire : par la grâce de l'écriture (alphabet et grammaire, rhétorique et poétique) les idiomes vont venir au monde et se développer en se traduisant. La culture générale, privilège pendant deux mille ans de lettrés tous latinistes et tous initiés à des langues partenaires de leur propre langue nationale, produira en Europe chaque littérature distinctive.

La branche française de ce colinguisme a d'abord fait les œuvres de langue française au sein de la culture commune selon l'idéal des humanités classiques. Depuis deux cents ans la démocratisation de l'écriture a remis en question le partage du pouvoir d'expression intranational et international. Diverses sortes de nationalismes ont abusivement enfermé la littérature française dans les limites d'un territoire ou d'un groupe social. Il est grand temps de contribuer à une renaissance de la culture littéraire et à une vision nouvelle de la tradition de langue française. De l'histoire écrite en latin par Nithard où apparaissent les Serments de Strasbourg, à la *Chanson de Roland*, aux aventures de Pantagruel, aux Tragédies, aux Essais, aux Contes, aux Romans, aux Poèmes, comment être ou ne pas être en français ? That is the question.

Chapitre I

L'EUROPE

1. L'empire de l'écriture. — L'Europe s'est construite sur l'Empire romain. Au IVᵉ siècle, des peuples avaient franchi les frontières impériales, par la mer du Nord, sur le Rhin, dans les Alpes, et ils avaient entrepris de s'installer dans ces grands pays auxquels la mythologie gréco-latine donnait le nom d'une nymphe enlevée et fécondée par le roi des dieux, mère de grands conquérants et de législateurs : *Europe.*

Les envahisseurs avaient fait la guerre à la puissance romaine. Mais ils avaient pénétré sur des territoires organisés par un Etat fort de son Droit, entièrement conçu et administré par l'écriture. L'un des grands principes de gouvernement, en langue latine, voulait qu'à l'heure de la victoire le militaire cède la place au civil *(cedant arma togae)*. Les princes guerriers — Saxons, Angles, Goths, Francs — qui s'emparaient du pouvoir en Europe étaient contraints d'entrer dans les circuits de l'écrit administratif et juridique réglés par l'écrit philosophique et religieux. Les rois « barbares » (étrangers à la culture gréco-latine) affrontés aux écritures de l'Empire, se sont soumis à l'empire de l'écriture.

C'est-à-dire qu'ils ont délégué le pouvoir d'écrire aux lettrés qu'ils ont installés dans leur entourage : les *clerici (clercs)* anciens fonctionnaires de l'Etat impérial, détenteurs dans l'Eglise chrétienne des appareils d'écriture. Du IVe au Xe siècle, en Europe, les rois et leur cour parleront entre eux anglais, tudesque, etc. (langages dits « germaniques » au XIXe siècle), y compris à la cour de l'empereur Charlemagne, alors que l'écriture latine restera la langue sacrée, officielle et universelle dans les chancelleries.

Les textes seront écrits et lus par l'Eglise dans les *Scholae (Ecoles)* des abbayes et des évêchés reliées entre elles et au principal centre des études qui assiste le roi (l'Ecole du Palais sous Charlemagne).

2. **Les langues des nations européennes.** — A partir de la fin du IXe siècle les clercs inventent une forme de l'écrit qui combine le pouvoir unitaire de l'écriture et la dispersion des parlers vulgaires. Le premier acte de leur politique des langues se produit le 14 février 842, journée des *Serments de Strasbourg*. Ce jour-là deux petits-fils de Charlemagne se jurent alliance contre le frère aîné qui prétend empêcher par la guerre le partage légitime des royaumes. Conseillés par leurs clercs ils prononcent la formule du serment d'une façon nouvelle qui échappe à leur coutume dynastique et affirme leur mission de représentants de Dieu sur terre : au lieu de s'exprimer selon l'usage et le droit dans leur langage familial ou en latin parlé, ils emploient deux langues vulgaires différentes : chaque roi, au premier acte de la cérémonie, adresse à ses sujets la même allocution rédigée soit en langue tudesque pour Louis « le Germanique », destiné à régner sur la France de l'Est, soit en langue romane pour Charles « le Chauve », destiné à régner sur la France de l'Ouest. Cette innovation affirme leur mission divine car les rois régneront ainsi en langues à la façon dont les hommes d'Eglise évangélisent les populations (déjà divisées en

fidèles de parler tudesque et de parler roman depuis le Concile de 813). Le contenu commun de la double allocution est fourni en langue latine officielle par la relation de l'un des grands clercs responsables de l'opération.

Le deuxième acte de la cérémonie est l'acte sacramentel : l'échange des serments des rois. Alors les deux rois *échangent leurs deux langues royales*. C'est l'héritier de la France de l'Est qui instaure la langue de la France de l'Ouest, et c'est l'héritier de la France de l'Ouest qui instaure la langue de la France de l'Est. *Chaque langue n'est donc légitime que comme partenaire d'une autre de même dignité, sous l'autorité des lettres latines.* Les formules sont inscrites en alphabet latin dans les deux langues.

Troisième acte : les porte-parole des princes de chaque armée prêtent serment de fidélité à l'alliance dans la langue qui leur a été assignée, selon une formule qui, comme celle des serments, est inscrite en français-roman et en francique-tudesque.

Ainsi se conclut la politique du partage en langues de l'héritage de l'Empire carolingien. Les sujets sont circonscrits, les rois se légitiment en se traduisant, les clercs contrôlent toute l'opération. L'innovation provient des détenteurs de la grammaire et de la littérature qui ont soufflé les mots un par un aux personnages royaux sur l'estrade, non seulement parce qu'aucun des petits-fils de Charlemagne ne parlait roman, mais surtout parce que les formules ne devaient pas s'écarter d'aucun détail des pièces rédigées pour être authentiques.

Telle est *l'institution du colinguisme* qui a fait passer à l'écrit les langages vulgaires en Europe, et qui s'est développée depuis plus d'un millénaire. Le colinguisme a assuré d'une part le principe des frontières linguistiques (liant l'usage d'une langue à la notion d'un territoire), le principe de la personnalité linguistique (nationale royale, nationale civile après 1789), le principe des partenaires linguistiques (par une association définie des langues internationales et de leur langue ancienne).

Du temps des petits-fils de Charlemagne, l'idée neuve de l'Europe des langues a immédiatement échoué, incapable de l'emporter sur les institutions et les mœurs des rois guerriers. Un an après la cérémonie de Strasbourg, le *Traité de Verdun* (843) divise l'Europe entre les trois frères sans aucune mise en scène de la personnalité linguistique reconnue aux royaumes. Mais l'invention littéraire fait son chemin parmi les détenteurs de l'écriture. A travers les querelles dynastiques et les conflits territoriaux sans cesse rouverts par les armes, les clercs européens continuent de faire vivre la langue latine universelle, et font naître les langues royales nationales, partenaires et rivales entre elles.

Les études latines avaient été rénovées à la fin du VIIIe siècle sous le règne de Charlemagne. Charles avait 39 ans lorsqu'il avait rencontré sur les routes d'Italie un clerc anglo-saxon sorti de l'Ecole d'York et de grande réputation déjà, à 46 ans : Alcuin. Ce n'était pas par hasard qu'un Anglo-Saxon pouvait devenir ministre intellectuel d'un souverain pour lequel il remettra en vigueur le titre d'empereur tiré de la tradition latine. Dès le IVe siècle les Anglo-Saxons sur le continent s'étaient approprié certains mots clés du parler romain (mille/mile, strata/street, vallum/wall, cocina/kitchen, butyrum/butter, episcopus/bishop) ; ayant passé la mer et conquis l' « Angleterre » leurs princes s'étaient entendus avec les abbés et les papes, s'étaient christianisés, et s'étaient servis de l'écriture latine. Vers 680 un serviteur d'une abbaye du Yorkshire ayant clamé en (vieil) anglais un poème imité de la Genèse, ce poème une fois inscrit en lettres latines devient le premier texte de la langue anglaise. En même temps du Ve au VIIIe siècle les monastères et les royaumes d'Irlande faisaient rayonner le christianisme et les lettres latines sur tout le continent.

Au début du IXe siècle l'un des meilleurs élèves d'Alcuin, le Franc Angelbert, grand seigneur de la

France de l'Ouest, concubin légitime d'une fille de Charlemagne, abbé laïque de la puissante abbaye de Saint-Riquier (près d'Abbeville) où on enseignait du grec, transmet à son fils Nithard sa science des lettres et ses fonctions. Nithard est conseiller du Palais près de son parent Charles le Chauve à l'époque du partage de l'Empire. Il négocie l'alliance entre Charles le Chauve et Louis le Germanique, il est l'un des artisans du Serment de Strasbourg et il reçoit commande officielle de relater l'histoire de ces grands événements. C'est par lui, par son texte latin (Histoire des divisions entre les fils de Louis le Pieux), que nous possédons les formules littérales des Serments de 842.

Après plus de mille ans d'histoire européenne, il convient de situer exactement ces premiers textes des langues française et allemande dans leur contexte de langue latine, et de les traduire selon la tradition littéraire européenne, en trois langues au moins pour la communication actuelle : français, allemand et anglais d'aujourd'hui.

« Ergo 16. Kalend. Marcii Lodhuwicus et Karolus in civitate quae olim Argentaria vocabatur, nunc autem Strazburg vulgo dicitur, convenerunt ; et sacramenta quae subter notata sunt Ludhowicus romana, Karolus vero teudisca lingua juraverunt. Ac sic ante sacramentum circumfusam plebem alter teudisca alter romana lingua allocuti sunt. Ludhowicus autem, quia major natu, prior exorsus, sic coepit [...] Cumque Karolus haec eadem verba romana lingua perorasset Lodhuwicus, quoniam major natu erat, prior haec deinde se servaturum testatus est : [...] (trad. *Inst. f.* 68). » Le 16 des calendes de mars, Louis et Charles se rencontrèrent dans la cité autrefois nommée Argentaria, qui s'appelle maintenant Strazburg en langue vulgaire ; et ils prononcèrent, Louis en langue romane et Charles tudesque, les serments enregistrés ci-dessous par écrit. Avant le serment chacun des deux rois s'adressa à la masse des guerriers répandus dans la prairie, l'un en langue tudesque, l'autre en langue romane. Louis, parce qu'il était l'aîné, se leva le premier [...] Charles répéta ensuite exactement le même discours en langue romane.

Après quoi Louis, étant l'aîné, déclara le premier sous serment :

« Pro Deo amur et pro christian poblo et nostro commun salvament, d'ist di in avant, in quant Deus savir et podir me dunat, si salvarai eo cist meon fradre Karlo et in aiudha et in cadhuna cosa, si cum om per dreit son fradra salvar dift, in o quid il mi altrezi fazet et ab Luther nul plaid nunquam prindrai, qui, meon vol, cist meon fradre Karle in damno sit. »

Lorsque Louis eut terminé, Charles répéta le même serment en langue tudesque :

« In Godes minna ind in thes christianes folches ind unser bedhero gehaltnissi, fon thesemo dage frammordes, so fram so mir Got geuuizci indi mahd furgibit, so haldih thesan minan bruodher, soso man mit rehtu sinan bruher scal, in thiu thaz er mig so sama duo, ondi mit Ludheren in nohheiniu thing ne gegango, the, minan uuillon, imo ce scadhen uuerdhen. »

Traduction française : « Pour l'amour de Dieu et pour le salut commun du peuple chrétien et le nôtre, à partir de ce jour, autant que Dieu m'en donne le savoir et le pouvoir, je soutiendrai mon frère Charles [/Louis] de mon aide et en toute chose, comme on doit justement soutenir son frère, à condition qu'il m'en fasse autant, et je ne prendrai jamais aucun arrangement avec Lothaire, qui, à ma volonté, soit au détriment de mondit frère Charles [/Louis] » (trad. Brunot, *HLF*, I).

Traduction allemande : « Um der Liebe Gottes und des gemeinsamen Heils des Christen Volks und unser selbst willen, werde ich vom heutigen Tage an, soweit Gott mir dazu die Fähigkeit und Macht verleiht, meinen Bruder Karl [bzw. Ludwig] in allen Dingen unterstützen, gerade in der Weise, wie man seinen Bruder unterstützen soll, vorausgesetzt, dass er ebenso mit mir verfährt, und ich werde keinerlei Abmachung mit Lothar treffen, die, so es in meinem Willen steht, meinem Bruder Karl [bzw. Ludwig] zum Schaden gereichen könnte » (trad. M. Werner).

Traduction anglaise : « For the love of God and the common salvation of the Christian people and of our own, so far as God lends me the knowledge and power so to do, I shall provide my brother Charles [/Lewis] with my help in every thing, as we are bound to help our brothers, providing only that he for me shall do the same, nor shall I make with Lothaire any pact, which, by my will, would give injury to my said brother Charles [/Lewis] » (trad. G. Lock).

3. **Les lieux du savoir.** — La littérature française fait partie de la littérature européenne. C'est-à-dire qu'elle joue son rôle, comme partenaire des littéra-

tures nationales en Europe, tour à tour premier rôle ou second rôle, dans une histoire des écritures où la littérature latine a rempli pendant mille ans une fonction comparable à celle d'un metteur en scène.

Du IXe au XXe siècle la pensée philosophique et religieuse ainsi que l'art du discours se sont formés en langue latine (elle-même associée au grec classique) chez les élites nationales européennes. Ce n'est qu'à partir du XVIe siècle que la Réforme religieuse, dans les pays chrétiens « protestants », a fait apprendre à lire dans une Bible traduite en langue nationale, tout en maintenant le privilège de l'écriture en latin-langues au niveau des sciences et des textes créatifs pour une classe fermée de lettrés internationaux. Et ce n'est qu'à partir de la Révolution de 1789 en France, qu'une population jusque-là unie d'autorité par la langue royale s'est fait obligation de lire-et-écrire la langue de l'Etat en régime républicain sans discrimination de lieu ni rang de naissance. Les membres de l'univers fermé des gens instruits se sont nommés eux-mêmes, entre eux, *litterarum respublica*, d'une formule qui tirait du latin sa signification générale, et qui tirait sa signification particulière de sa traduction en langues particulières : *la république des Lettres*.

Les lettrés de la rénovation carolingienne siégeaient dans les monastères, souvent chargés de mission par les évêques et les rois, ou les grands seigneurs. Presque tous leurs manuscrits sont aujourd'hui perdus. Une dizaine de textes seulement témoignent pour nous de l'écriture en *romana lingua* entre la fin du VIIIe siècle et le Xe siècle, réalisée par des scripteurs dans les pays d'Europe où sont la France et l'Italie actuelles. Cette rareté provient surtout du caractère exceptionnel des réalisations ; un linguiste peut affirmer en 1985 :

« Chacun de ces textes a été constitué par une opération originale ; chacun d'eux représente une création indépendante. »

L'opération de Strasbourg (842) a été un acte politique ; la *cantilène* sur le martyre de *sainte Eulalie* (881) a été un petit poème de 28 vers composé à côté d'un cantique de sainte Eulalie en latin et d'un *Rithmus teutonicus* en langue francique (le *Ludwigslied*) : le premier poème de la littérature française et le poème considéré depuis le XIXᵉ siècle comme ayant inauguré la littérature allemande (R. Balibar, *Le colinguisme,* Paris, PUF, 1993, chap. III : « Les langues-nations, les littératures nationales »).

Les Serments et la cantilène sont représentatifs du langage vulgaire parce qu'ils transportent des traits locaux, phonétiques ou graphiques, dans la symbolique de l'écrit et de l'art.

La linguistique actuelle distingue dans les mots et les graphies des phrases françaises-romanes proclamées à Strasbourg, des éléments tirés des parlers de l'Est et du Sud-Est, futures frontières du royaume de Charles, ainsi que des graphies venues du Centre, le tout fortement structuré par l'alphabet et la grammaire, démarqué des formules latines de chancellerie. Le même travail de tissage, la même texture symbolique, avec les mêmes traits phonétiques, dans la cantilène. Les spécialistes des écritures médiévales, dans leurs études les plus récentes, qualifient ces textes d'hybrides, composites, littéraires, et y lisent « une fiction de langue, une langue fictive qui n'est signifiante qu'au sein de la totalité du poème ».

Le linguiste Paul Zumthor a ainsi édité et interprété ce court poème des alentours de l'an 1000, écrit dans un espace libre d'un feuillet de manuscrit latin de l'abbaye de Fleury (Saint-Benoît-sur-Loire) : *L'aube de Fleury.*

Genre laïque et profane, de langue provençale ou française, l'aube (séparation des amants à l'aube, un genre littéraire dont Shakespeare fournit un écho dans Roméo et Juliette) présente ici 3 strophes de 5 vers, dont le dernier est inachevé. Dans chaque strophe, 3 vers de couplet, 2 de refrain. Les couplets sont écrits dans un latin savant. Ils chantent la fin de la nuit, saluée par un veilleur. Leur style fait surgir la mythologie latine, afin de décrire avec précision, selon la science de l'époque, la position de l'étoile Arcturus (le Bouvier) qui disparaît à l'ouest du firmament pendant que surgit à l'est l'Etoile polaire, à l'heure où se lève le premier matin du printemps. Le veilleur secoue les endormis. Mais que veut dire le refrain ? Avant Zumthor, 17 lectures et interprétations différentes en un siècle ont tenté d'en déchiffrer les mots et le sens, principalement soucieuses d'y déceler tel dialecte plutôt qu'un autre (occitan archaïque ? réto-roman ? latin parlé dit « de basse époque » ?).

Zumthor démontre qu'il s'agit d'une œuvre d'art composite. On peut s'appuyer sur son édition et dire que l'œuvre est faite pour créer un lien entre le ministère d'énonciation et d'annonciation exercé par la langue latine, et l'appel à l'écriture des langues vulgaires. Le chanteur suscite des mots symboliques de la pensée balbutiante de ceux qui s'éveillent.

Bien loin de supprimer l'intérêt des recherches faites sur l'origine des dialectes, Zumthor les situe à un niveau plus élevé de signification. Il fait saisir que la liberté d'expression se crée lorsque l'écriture contrôle et oriente une complexité de langues, langages, registres d'élocution. *L'aube de Fleury*, en outre, ne chante pas seulement l'articulation du latin des clercs et des parlers des vulgaires évangélisés, elle s'inspire des modèles venus d'une autre culture écrite en arabe ou en hébreu littéraire : elle serait le premier exemple en pays chrétien d'une strophe versifiée selon un schéma appartenant à ces littératures, promis à une grande diffusion dans la poésie liturgique occidentale (aaaxx, bbbxx) ; et elle reprend l'opposition pratiquée dans les anciennes poésies andalouses entre les strophes écrites en arabe ou en hébreu littéraires et le couplet final composé soit en arabe vulgaire soit « dans la langue des infidèles ».

L'aube de Fleury

I

Phebi claro nondum orto iubare
Fert aurora lumen terris tenue ;
Spiculator pigris clamat « Surgite » !
   L'alba part umet mar atra sol ;
   Poy pasa bigil ; mira clar tenebras !

I

L'éclat du soleil pas encore levé, l'aurore apporte à la terre sa lueur. Aux dormeurs la garde crie « Debout ! »
   Vers la mer humide l'aube entraîne le soleil ; puis passe le veilleur. Vois l'éclat des ténèbres !

II

En incautos ostium insidie
Torpentesque gliscunt interficere,
Quos suadet preces clamat surgere.

L'alba part umet mar atra sol ;
Poy pasa bigil ; mira clar tenebras !

III

Ab Arcturo disgregatur Aquilo
Poli suos condunt astra radios,
Orienti tenditur Septentrio.

L'alba part umet mar atra sol ;
Poy pasa bigil.

II

Voici les insouciants, voici les engourdis que les ruses des ennemis brûlent de tuer ; ceux que le héraut exhorte, auxquels il crie de se lever.

Vers la mer humide l'aube entraîne le soleil ; puis passe le veilleur. Vois l'éclat des ténèbres !

III

Du Bouvier s'écarte la Polaire. Le rayonnement des astres retourne au fond de la voûte céleste ; vers l'Orient se dirige le Septentrion.

Vers la mer humide l'aube entraîne le soleil ; puis passe le veilleur.

(Trad. Balibar d'après Zumthor.)

Sous le règne de Charles le Chauve premier roi de France (la Francia occidentalis, de 843 à 877), l'unité du royaume n'est qu'une réalité de principe, constamment mise en échec par les guerres ; soit du fait des rivalités qui continuent de se régler par les armes entre héritiers de l'Empire carolingien ; soit du fait des invasions normandes et arabes puis hongroises qui ravagent tout le territoire ; mais surtout du fait de l'opposition des grands seigneurs au pouvoir monarchique, aboutissant finalement à l'instauration du régime féodal. Pendant cette époque troublée, le pouvoir des lettres a été plus stimulé que menacé. Les Normands entreprenaient souvent de s'installer sur les lieux qu'ils avaient pris et pillés : ils entraient par là dans les écritures. La défense ou la création de la personnalité linguistique pour les grands ensembles de populations (la nation, les régions féodales) imposaient la présence des lettres. Au IXe et au Xe siècles, le pays de France, sans cesser d'exister sous l'obédience royale, formait de grandes principautés qui évolueront et persisteront, sous forme de « provinces », jusqu'à la Révolution de 1789. A la cour des rois (Louis IX et Frédéric II de Hohenstaufen pour la France et l'Allemagne) et des princes (Guillaume IX de Poitiers et Thibaud de Champagne) se sont créées les grandes littératures européennes avec toute la complexité de leur interaction et de leurs variantes.

Parallèlement et même antérieurement à la réorganisation des territoires en nouveaux royaumes, l'Eglise chrétienne s'était réorganisée sous l'impulsion des abbés et des papes, de façon à couvrir de son activité l'Europe entière, tout en s'adaptant à l'existence de chaque royaume, et jusqu'aux particularismes des différentes régions divisées en évêchés. Ainsi le développement des savoirs s'est trouvé fondu dans la mission littéraire des hommes instruits entrés dans l'état ecclésiastique : les clercs, agissant en face des laïcs, c'est-à-dire en face de tous ceux qui se définissaient négativement par leur ignorance des écritures et leur non-appartenance aux appareils d'Eglise. En face veut dire avec ou contre eux, non toujours à part.

En effet, l'Eglise chrétienne est faite pour susciter les initiatives des laïcs, par sa tradition judaïque et surtout par sa doctrine évangélique. Sans remonter au déluge, ni s'engager dans les circuits sans fin des causes historiques, il suffit de souligner fortement, pour les besoins de ces éléments d'histoire des lettres, que la fondation du christianisme repose sur une Ecriture sainte proposée en trois langues dès les premiers siècles de son ère, et sur la proposition faite du message de Jésus en parlers vulgaires.

Selon la doctrine judaïque, la Loi et l'Ecriture ont été données par Dieu, inspirées par lui dans la langue d'un peuple qui en est le porteur responsable. Tout Juif (au masculin) doit s'instruire dans le Livre. Entre le — XIe et le — IIe siècle les textes sacrés ont été écrits en hébreu littéraire au carrefour de différents parlers par une élite de saints hommes chargés de les produire et de les transmettre, hors de l'atteinte du vulgaire. Une révolution mentale est venue de la prédication de Jésus.

Jésus, après avoir controversé parmi les docteurs, a exercé son enseignement de vive voix s'adressant à tous en tous lieux, faisant obéir « la lettre » de la Loi à l' « esprit » non pour la désavouer mais pour la confirmer. La « religion chrétienne » a commencé le jour où les disciples de Jésus, envoyés par l' « esprit » de son enseignement, se sont adressés à des habitants de Jérusalem « venus de toutes les nations » dans le langage vulgaire des différentes langues maternelles. Le « miracle de la Pentecôte » inaugure une communication des vérités de la foi par traductions mutuelles, qui va désormais triompher de toutes sortes de discriminations.

Bien loin de rejeter l'écriture, les premiers chrétiens (tous plurilingues et certains très lettrés en hébreu et grec littéraires) ont vulgarisé le contenu de l'Ecriture sainte hébraïque, et ont rédigé en langue grecque *koïnè*, langue écrite « commune » administrative et utilitaire des pouvoirs d'Etat profanes, les livres de la révélation chrétienne. Innovation plus considérable encore que l'abandon de la circoncision marque de l'élection spéciale dans le peuple juif. Dès le IIIe siècle des versions latines ont circulé dans l'Empire romain. La *Vulgate* (*vulgata* version officielle d'écriture commune) établie par traduction des textes hébreux et grecs par l'Eglise de Rome en 391-405 a été réapprouvée en 1546 et révisée en 1979. Jusqu'à nos jours l'ère chrétienne s'est dite aussi en français *l'ère vulgaire*.

La création des langues nationales et leur développement depuis le IXe siècle ont fait de la Bible chrétienne le livre le plus traduit sur la planète.

Du point de vue de la communication en langues, l'innovation la plus décisive au cours des siècles traditionnellement nommés « du Moyen Age », a été la création des organismes d'articulation qui se sont appelés *Universités*.

Ces institutions ecclésiastiques sont nées à la fois sous l'autorité papale et sur l'initiative des pouvoirs laïques, de la fusion des Ecoles cathédrales, monastiques et privées, d'abord à Bologne, Paris et Oxford, au début du XIIIe siècle. L'*Universitas magistrorum et scholarium*, univers des maîtres et étudiants, possède une personnalité juridique, obtient des franchises c'est-à-dire une réglementation autonome, et transmet l'ensemble de la théologie, de la philosophie et des arts libéraux (les savoirs intellectuels : grammaire, rhétorique, dialectique, arithmétique, géométrie, musique, astronomie, dont la liste officielle remontait à un lettré latin de l'Afrique du Ve siècle).

Louis IX roi de France (Saint Louis) et les papes Innocent III et IV accordent à l'Université de Paris la pleine personnalité juridique (1231) en vue de laquelle les maîtres et étudiants travaillaient et combattaient depuis des générations de lettrés. Le *studium*, champ des études, installé en territoire parisien et pourtant placé directement sous la protection pontificale, devient le plus haut lieu du savoir et le premier centre de la pensée européenne.

4. La première illustration de la langue française. —
Pendant des siècles les lettres françaises se sont élaborées sous la tutelle des lettres latines. L'historien allemand de la culture européenne, Ernst Robert Curtius constate que les littératures espagnole et italienne débutent relativement tard au cours du XIIIe siècle.

« Pourquoi si tard ? la question est mal posée [...] Il vaudrait mieux dire : pourquoi la littérature française débute-t-elle si tôt ? » (*La littérature européenne et le Moyen Age latin*, Paris, PUF, 1956, II, 136).

« La richesse de la poésie française des XIe, XIIe et XIIIe siècles révèle des rapports étroits avec la poésie et la poétique latines de la même époque, qui fleurissaient en France et en Angleterre francisée [la langue française régnait en Angleterre après la conquête de l'Angleterre par le Normand Guillaume le Conquérant, 1066]. Le latin a délié la langue du français. C'est parce que la France représentait le *studium*, parce que les arts libéraux, grammaire et rhétorique en tête, avaient chez elle leur quartier général, que la poésie populaire fleurit tout d'abord en France » (II, 131) [« populaire » veut dire ici « national »].

Curtius montre encore que la réforme des études due à Charlemagne et Alcuin n'a résisté qu'en France et en Angleterre aux ébranlements des invasions et des guerres du IXe et du Xe siècles : la situation de guide intellectuel qui était celle de l'Allemagne sous les Othons au Xe siècle n'a pas été maintenue.

Aujourd'hui en France les manuels de littérature composés selon une perspective qui date de la fin du XIXe siècle, font commencer la littérature française avec la *Chanson de Roland.*

A les lire, cette production serait un vrai miracle. En réalité elle a accompagné la production de la littérature latine auprès des rois et des princes de langue française, descendant jusqu'à des rangs moins élevés dans l'Eglise ou la féodalité. Pour les rois, pour les grands et les moyens seigneurs, les récits de vies, les poèmes des exploits (« chansons de geste » comme la *Chanson de Roland*), les chants en langue vulgaire sont des œuvres de liberté. Les clercs eux-mêmes se libèrent de l'emprise du système clérical en forgeant les littératures laïques et profanes.

Ainsi une *Vie de Charlemagne* est d'abord écrite en latin par Eginhard, conseiller du Palais et abbé, au IXe siècle ; viennent ensuite des *Visions*, écrites en latin par des hommes d'Eglise, dans lesquelles le personnage de Charlemagne apparaît afin d'être jugé pour ses péchés ou ses vertus ; des ouvrages perdus dont les érudits relèvent aujourd'hui la trace sont composés de même à la gloire des héros de l'époque carolingienne dans la féodalité naissante et sur le trajet du pèlerinage de Saint-Jacques-de-Compostelle : là où va surgir la première « geste » en français.

Vers 1100 un poète de très grande culture manifeste son génie personnel en écrivant la *Chanson de Roland* qui nous est parvenue certainement en raison de sa puissance artistique. Le manuscrit d'Oxford publié en 1837, source actuelle du texte, a été réalisé vers 1170. La langue *française* de la *Chanson de Roland* présente principalement une personnalité *normande* illuminée de l'intérieur par la présence de la langue *latine*. Ainsi le premier vers du poème

« Carles li reis, nostre emperere magnes »
(Le roi Charles notre grand empereur)

offre le latin *magnus* tiré du titre officiel latin de l'empereur

« Karolus bonae memoriae et merito Magnus imperator ab universis nationibus vocatus » (début de l'Histoire de Nithard) (Charles, d'heureuse mémoire, surnommé le grand empereur à juste titre par les nations unanimes)

employé sous une forme représentative de la langue française (avec sa terminaison *es* comme celle de *Carles*) alors que *grant* était depuis des siècles caractéristique du langage vulgaire en face de *magnus*. Un linguiste se bornera à relever ici « un latinisme ». Le goût littéraire (c'est-à-dire l'art des significations pratiqué au carrefour des langues) comprend qu'il s'agit de communiquer au premier vers de cette épopée française l'inspiration d'une culture universelle. L'*emperere magnes* et son neveu vont être les héros d'une aventure qui élèvera jusqu'au ciel le royaume de France. La prouesse orgueilleuse et l'honneur féodal vont faire acte d'obéissance à la foi chrétienne. Mourant par témérité sur le champ de bataille, le comte Roland va tendre à Dieu son gant droit, geste d'hommage du vassal à son suzerain, et saint Gabriel va prendre le gant de sa main. Que signifient les « latinismes » de la *Chanson de Roland* sinon la prise en charge du français par l'Ecriture « don de Dieu » ? De là toutes les autres significations possibles.

Au cours du poème, l'épisode de la mort d'Olivier est l'un des meilleurs exemples de la fécondation d'une aventure guerrière française par la tradition des épopées grecque (mort de Patrocle pleuré par Achille dans l'*Iliade*) et latine (mort de Nisus et Euryale dans l'*Enéide*) dans la chrétienté (où le péché se rachète avec l'amour de Dieu). Sa traduction en français actuel vise à reconduire ces effets d'art dans le colinguisme.

> As vus Rollant sur son cheval pasmet
> E Oliver ki est a mort naffret.
> Tant ad seinet li oil li sunt trublet.
> Ne loinz ne près ne poet vedeir si cler
> Que reconoistre poisset nuls hom mortel.
> Sun cumpaignun, cum il l'at encuntret,

Sil fiert amunt sur l'elme a or gemet,
Tut li detrenchet d'ici que al nasel ;
Mais en la teste ne l'ad mie adeset.
A icel colp l'ad Rollant reguardet,
Si li demandet dulcement e suef :
« Sire cumpain, faites le vod de gred ?
Ja est ço Rollant, ki tant vos soelt amer !
Par nule guise ne m'aviez desfiet !
Dist Oliver : "Or vos oi jo parler.
Jo ne vos vei, veied vus Damnedeu !
Ferut vos ai, car le me pardunez !"
Rollant respunt : "Jo n'ai nient de mel.
Jol vos parduins ici e devant Deu."
A icel mot l'un a l'altre ad clinet.
Par tel amur as les vus desevred. »

Voilà Roland sur son cheval, pâmé, et Olivier qui est blessé à mort. Il a tant saigné que ses yeux sont troublés. Ni loin ni près il ne peut voir assez clair pour reconnaître homme mortel. Il rencontre son compagnon et le frappe sur son heaume gemmé d'or : il le lui tranche jusqu'au nasal mais il n'a pas atteint la tête. A ce coup, Roland l'a regardé et lui demande doucement, amicalement : « Sire compagnon, l'avez-vous fait exprès ? C'est moi, Roland, qui vous aime tant ! Vous ne m'aviez pourtant pas défié ! » Olivier dit : « Maintenant je vous entends parler. Je ne vous vois pas. Que le Seigneur Dieu vous voie ! Je vous ai frappé, pardonnez-le moi ! » Roland répond : « Je n'ai pas de mal. Je vous pardonne ici et devant Dieu. A ces mots ils s'inclinent l'un vers l'autre. C'est en tel amour qu'ils se séparent » (J. Batany, *Le français médiéval,* Paris, Bordas, 1972).

Le français normand écrit *u* des sons notés ailleurs *o* (dulor/dolor) : la *Chanson de Roland* écrit tantôt *dulor* tantôt *dolor* ; *venger* en français normand (et non *vengier* comme en d'autres parlers). Certains philologues, se trouvant devant une langue composite sont allés supposer que le poème avait d'abord été fait dans un dialecte non identifié, puis récrit « en anglo-normand ». Il est plus raisonnable de penser que l'art littéraire crée ici une fiction de langue comme c'était le cas au temps de *L'aube de Fleury*, de la *Cantilène de sainte Eulalie* et depuis les Serments fondateurs. Il ne faut jamais non plus perdre de vue que la syntaxe latine (par exemple dans l'emploi des subjonctifs à valeur conditionnelle : « Ki veïst... poüst » « Qui aurait vu... pourrait ») et les règles de la rhétorique, saisies en profondeur, confèrent au texte sa solidité et son unité ; qu'elles les lui conféraient au XIIe siècle plus qu'on ne le sent au XXe siècle. Le français fictif de la *Chanson de Roland* est bien l'héritage de la « France douce » de Charlemagne, tel qu'il s'illustre pour la première fois dans l'Europe des Capétiens, des rois normands d'Angleterre et des Plantagenets.

Le poème d'Histoire (épopée, geste) était la plus haute forme littéraire depuis l'invention de l'écriture, dans le monde, spécialement dans l'Empire romain. La Geste française se produit elle aussi dans les sphères les plus élevées du pouvoir, au point de fusion le plus actif des héritages culturels. Elle accompagne naturellement les grandes entreprises : naissance de la royauté, naissance de la féodalité, naissance des villes, expéditions des croisades, naissance d'une chrétienté, du Xe au XIVe siècle. Comme Homère et Virgile, l'auteur de la *Chanson de Roland* inaugure une Histoire, c'est-à-dire l'idée d'un peuple figuré (le christianisme dira « incarné ») dans sa langue. Aux XIIe et XIIIe siècles le grand développement des études latines à Paris déclenche le développement de l'imagination française. Tous les esprits cultivés en Europe pratiquent alors « le français de Paris » qui est la forme orale, exercée par la conversation entre gens d'élite, de la libre pensée laïque profane internationale. Ce français « de Paris » n'a bien entendu que très peu à voir avec le « dialecte francien » que les érudits du XIXe siècle ont dépeint gagnant peu à peu du terrain en France par simple domination de la Couronne : comment ce langage borné aurait-il d'emblée retenu l'audience des princes de l'Europe ? Ce qui est clair dès la première illustration (élévation à la gloire culturelle) d'une langue nationale, c'est la vigueur du *colinguisme* européen, c'est-à-dire de l'organisme créatif littéraire responsable de la connaissance, et de la reconnaissance officielle, des langues.

Tout comme l'*Iliade*, l'*Odyssée* et l'*Enéide*, la Geste française met en scène des exploits éloignés dans le passé et dans l'espace (ceux de Charlemagne, puis de Guillaume d'Orange, de Doon de Mayence, etc.) afin de mettre en œuvre « le français de Paris », symbolique du mouvement des idées. Pareillement les poèmes et les « romans » de prose française vont chercher, aux XIIe et XIIIe siècles, dans la *matière de Bretagne* (légendes gaéliques d'au-delà des mers) l'affabulation étrangère qui permettra de déployer en langue française les pensées générales, l'idéologie de l'époque. Là où s'écrivent les récits de la *Table ronde*, de la *Quête du Graal* ou des aventures de *Tristan*, « largesse », « prouesse », « amour courtois » sont des idées neuves.

La profondeur et l'ouverture de la littérature française du XIIIe siècle n'est nulle part plus manifeste, aux yeux d'un homme d'aujourd'hui, que dans cet ouvrage anonyme du XIIIe siècle *Aucassin et Nicolette* qui fait fusionner de façon absolument originale, les vers et la prose, les genres épiques et courtois ; qui va jusqu'à découvrir une matière sarrasine pour son intrigue ; et qui marie les langages à son gré comme les personnages.

[Le vieux comte Garin de Beaucaire est attaqué par le comte de Valence. Son fils unique le bel Aucassin refuse de prendre les armes si on ne lui accorde pas Nicolette, une captive achetée aux Sarrasins par le vicomte de la ville et baptisée. La menace, la prison, les dangers courus sur les champs de bataille et dans la forêt ou sur la mer, ne parviennent pas à séparer définitivement les amoureux. Aucassin, sur une épave, aboutit à Beaucaire et devient comte, mais reste inconsolable d'avoir perdu son amie. Tandis que Nicolette, reconnue fille du roi de Carthage, s'enfuit pour ne pas épouser un autre prince, retourne à Beaucaire et, déguisée en jongleur, se fait reconnaître en chantant devant Aucassin leur propre histoire. Le mariage est célébré dans le luxe et la joie.]

« Ses pere et se mere li disoient :

— « Fix, car pren tes armes, si monte el ceval, si deffent te terre et aïe tes homes : s'il te voient entr'ex, si defenderont il mix lor cors et lor avoirs et te tere et le miue.

— « Pere, fait Aucassins, qu'en parlés vos ore ? Ja Dix ne me doinst riens que je li demant, quant ere cevaliers, ne monte a ceval, ne que voise a estor ne a bataille, la u je fiere cevalier ni autres mi, se vos ne me donés Nicholete me douce amie que je tant aim.

— « Fix, fait li peres, ce ne poroist etre. Nicholete laisse ester, que ce est une caitive qui fut amenée d'estrange terre, si l'acata li visquens de ceste vile as Sarasins, si l'amena en ceste vile, si l'a levée et bautisie et faite sa fillole, si li donra un de ces jors un baceler qui du pain li gaagnera par honor : de ce n'as tu que faire. Et se tu femme vix avoir, je te donrai le file a un roi u a un conte : car il n'a si rice home en France, se tu vix sa fille avoir, que tu ne l'aies » (ed. M. Roque, Batany, 150).

Le manuel universitaire actuel où ce texte est mis en exercice renseigne sur la morphologie, la syntaxe, les traits dialectaux. La langue française prend là une personnalité principalement picarde. La Picardie est une grande région du nord de la France associée à la Flandre au XIIe siècle puis réunie au domaine royal, qui a reçu son nom actuel au XIIIe siècle. L'auteur d'*Aucassin et Nicolette* écrit *ceval, acata, rice* (prononcer keval, akata, rike) là où le francien dit et écrit *cheval, acheta, riche*). Il manie en même temps les archaïsmes *as Sarasins* (aux Sarrasins), *la miue* (la mienne), et les mots de diverses provenance *filiole* (filleule), *bautisie* (baptisée), un *ni* (= ne) du Sud-Ouest. Répétons encore que l'art de l'argumentation, du dialogue écrit, ne va pas au XIIIe siècle sans latin sous-entendu.

L'affabulation situe l'intrigue dans la Provence, puissant comté rattaché au XIe siècle au Saint Empire romain germanique, passé sous une dynastie catalane, foyer de la poésie de langue d'oc, qui viendra par mariage aux princes d'Anjou et au XIVe siècle entrera sous l'obédience des Capétiens.

L'auteur d'*Aucassin et Nicolette* vivait à l'époque de la croisade des Albigeois et de la croisade contre les Sarrasins où Saint Louis est mort à l'emplacement de l'ancienne Carthage. Une histoire des pays d'oc racontée en langue d'oïl ; une histoire d'amour entre Beaucaire et Carthage ; la légende de deux amants prédestinés à s'unir par l'échange des noms (Aucassin est un Al Qâsim, la princesse de Carthage une Nicolette) : c'est le monde à l'envers, ou plutôt le monde autre, le monde à venir.

Très précisément, c'est le génie littéraire, c'est-à-dire la faculté de construire dans la langue un discours forgé qui symbolise la complexité des réalités vécues. L'auteur de l'ouvrage l'appelle *Chantefable*, forgeant le nom d'un genre littéraire autre que les genres établis, un genre qui ferait fusionner vers et prose et des écritures contrastées. Il produit ainsi le plus ancien des récits en prose française. Sept cents ans plus tard le poète Robert Desnos ressuscitera le titre de *Chantefables*. A la fin du XXe siècle on tire d'*Aucassin et Nicolette* des textes d'exercices linguistiques et littéraires dans des établissements d'enseignement ouverts aux jeunes élèves sans distinction de nationalité : le comte de Beaucaire et la princesse de Carthage s'adressent en langue fictive à des Français, des Tunisiens, etc. Nouveaux metteurs en scène.

5. **Le transfert du savoir.** — L'une des grandes idées élaborées en latin par l'Europe médiévale est celle de *translatio studii*, transfert des études et du savoir. La *traduction* difficile, en l'occurrence, du terme de *translatio* manifeste d'emblée que la théorie des langues modernes est encore insuffisante sur ce point essentiel de leur histoire.

Les nombreux termes français : *translation, traduction, transfert, transmission*, qui ont chacun plusieurs acceptions, ainsi que *transposition, version, adaptation, transcription*, sont à employer tour à tour et tous ensemble pour faire comprendre en français d'aujourd'hui ce que signifiait la *translatio studii*. Bien plus, le problème concerne les différentes langues et dépasse leurs limites, de telle sorte qu'il faut espérer qu'une idée-locution équivalente à celle de la *translatio studii* vienne demain récapituler et dépasser *translation, traduction, traduccion, Übersetzung*, etc.

Pendant les siècles où les lettrés européens ont fait de Paris le centre rayonnant des études, ils n'ont pas seulement transporté en domaine français la culture générale qu'ils possédaient en latin. Ils ont, très matériellement, exporté en langue française les ouvrages qui étaient la source de l'autorité en langue latine. C'est-à-dire qu'ils ont traduit (ou adapté, en tout ou en partie) les textes de la Bible chrétienne et de la littérature antique. Sur cette opération d'envergure qui a été décisive pour l'avenir de la civilisation, les historiens commencent seulement aujourd'hui à rassembler des documents. Le médiéviste canadien Serge Lusignan écrit en 1986 :

> « La mobilité constitue assurément l'un des caractères définitoires de la civilisation du Moyen Age occidental. Pour certains rôles comme ceux de croisé, de marchand ou d'errant, la mobilité apparaît comme une composante nécessaire ; pour d'autres comme ceux de prêcheur, d'étudiant, de jongleur, de militaire ou pour certains métiers du bâtiment, elle s'impose souvent. En contrepoint, l'aire d'exportation de quelques biens de consommation se confond parfois avec les limites du monde connu. Cette mobilité caractérise aussi la vie intellectuelle médiévale. [...] Du grec ou de l'arabe au latin, pour nous limiter à deux exemples, la traduction permet le déplacement horizontal des textes dans l'espace-temps ; et tout autant peut-elle assurer leur mobilité en quelque sorte verticale au sein de la diglossie médiévale entre la langue savante et la langue vernaculaire. Voilà un ensemble de traits de civilisation que savait bien dire le mot latin *translatio* qui, ainsi que l'enseignent les dictionnaires, peut désigner des déplacements dans l'espace ou des transports de juridiction, comme des transferts linguistiques ou métaphoriques » (Serge Lusignan, La topique de la *translatio studii* et les traductions françaises de textes savants au XIVe siècle, dans *Traduction et traducteurs au Moyen Age*, Actes du Colloque international du CNRS organisé à Paris, Institut de Recherche et d'Histoire des textes en 1986, Ed. du CNRS, 1989).

La théologie médiévale faisait un statut paradoxal aux langues nationales : elle leur donnait l'écriture par grâce et par autorité, elle les enregistrait comme langues légitimes en tant que langues représentatives des divisions humaines ou du chaos des langages non écrits. Ce point de vue dogmatique selon lequel les « parlers vulgaires » n'ont d'existence que par la médiation des lettrés, nous prive, aujourd'hui encore, de mots qui désigneraient proprement, autrement que négativement, les faits de langue non écrite. Car « oral » et « parole » procèdent directement de l'énonciation d'un « orateur » ou d'un « évangélisateur » (la « parabole/parole » étant le contenu de la « bonne nouvelle » évangélique). L'anglais et l'allemand emploient ici leur matériel non latin en concurrence avec leur matériel latin : à côté d'*orally, by word of mouth* ; à côté d'*oral, mündlich (mündartlich = dialectal)*.

Ces constatations sont indispensables pour faire évaluer l'énormité et les dangers d'une entreprise comme celle de la traduction des *auctoritates* (textes latins faisant autorité en toutes matières) en langue vulgaire à l'époque médiévale. Les clercs qui ont conçu le projet de faire passer le contenu latin de textes « révélés » dans des textes rédigés en français, entamaient le crédit de l'Ecriture sainte et réactivaient le drame de Babel. Ce n'est qu'après une longue évolution des mœurs et des métiers de l'écriture, que de puissantes interventions politiques (de la Couronne de France, de la Couronne d'Angleterre), stimulées par de grands génies intellectuels (aussi différents que l'ont été Dante en italien et Nicole Oresme en français), ont mis au monde des *corpus, recueil de textes*, en langue nationale, pouvant faire autorité au plus haut niveau de la philosophie et de la morale.

A la fin du XIVe siècle, le roi de France Charles V engagé dans la guerre de Cent ans contre la Couronne d'Angleterre, ne se contente pas de confier au connétable Du Guesclin la conduite d'opérations de harcèlement qui chasseront les armées anglaises de toute la France de l'Ouest. Il inaugure une politique de la langue qui vise à changer la dimension de la langue française en lui ouvrant l'espace intellectuel jusque-là réservé au latin. Pour sa propre instruction et pour celle d'une nouvelle « chevalerie » qui doit s'approprier le savoir de la « clergie », il met en place un ensemble de grands savants et d'esprits d'avant-garde pourvus de talents littéraires.

Oresme encadre sa traduction d'Aristote dans un ensemble de préface, notes, table, où il explicite sa théorie des langues. Il ne conteste pas la nature fondatrice du latin, ce qui enlèverait toute valeur à l'opération de traduction. Il entend créer une nouvelle étape des connaissances humaines dans laquelle la langue française exercerait sa fonction conjointement avec la langue latine, c'est-à-dire deviendrait langue universelle, ayant reçu à son tour mission divine de transmettre la vérité. Il reprend la conception du déplacement des lieux de pensée (*translatio studii* effectuée dans l'espace d'Athènes à Rome) élaborée par l'Ecole de Paris (XIIe siècle) et il reprend aussi l'idée exprimée dans la poésie épique par Chrétien de Troyes (XIIe siècle) selon laquelle la France a recueilli l'héritage de la science et de la courtoisie venu de Grèce et de Rome. Il élargit infiniment ces idées par une perspective théologique chrétienne de la transmission historique : la langue française ne se limitera pas à vulgariser le savoir profane, ni même à décalquer la lettre latine, elle inventera elle-même son propre modèle de communication et apportera au monde une nouvelle ère. « Et en sera au temps à venir comme Dieu voudra. »

Oresme tire sa théorie de sa pratique. Afin de traduire en français la version latine d'Aristote il a été obligé de rendre la cohérence des mots latins (un discours où vocabulaire, grammaire, rhétorique et philosophie sont intimement fondus) par une cohérence entre des mots français qu'il a largement forgés et organisés. Par exemple il traduit plusieurs termes latins *(societas, communicatio, urbanitas, politia, respublica)* par le néologisme français *communicacion* auquel il donne dans ses contextes un sens que nous résumerions assez bien aujourd'hui par « régime social ».

Aristote, *Ethique*, version scolastique médiévale : « Administrandae porro reipublicae tria sunt genera, totidemque ab illis sive declinationes sive destinationes, quasi harum pestes, et interitus... »
Traduction d'Oresme : « De communicacion politique sont trois especes. Et les corrupcions ou transgressions de elles sont en nombre equal. [...] »
Traduction universitaire actuelle de Tricot : « Il y a trois espèces de constitutions et un nombre égal de déviations ou corruptions ; [...] » (*L'Ethique à Nicomaque*, Paris, Vrin, 1959).

Parmi toutes les locutions qu'Oresme a produites figure celle de *langage maternel* qu'il applique au latin parlé par les Romains de l'Antiquité :

> « Grec était au regard de latin si comme est maintenant latin en regard de français quant à nous. Et étaient pour le temps les étudiants introduits en grec et à Rome et ailleurs, et les sciences communément bailliées en grec ; et en ce pays le langage commun et maternel c'était latin. »

Ainsi les langues sacrées elles-mêmes se sont en leur temps incarnées dans un « langage commun et maternel ». Idée tirée du dogme de l'humanité de Jésus-Christ qu'on trouve aussi bien illustrée par la peinture et la sculpture de cette fin du XIVe siècle : l'Enfant Jésus (sur les genoux de sa mère qui porte le manteau et la couronne de France) écrit, sortant de ses langes, sur son cahier !

Paradoxalement son ennemi le roi d'Angleterre a rendu service à ce grand projet. La Couronne d'Angleterre soutenait en effet toujours ses droits de succession au royaume de France. Ce qui ne pouvait se faire sans conserver l'exercice de la langue royale française. Le point de vue théologico-politique des langues royales nationales s'était affirmé du XIIe au XIIIe d'un point de vue légaliste. Les chancelleries des royaumes avaient édifié sous la tutelle du latin des ensembles de lois enregistrées dans les langues royales et il s'était même formé, spécialement en Angleterre, une école de juristes pour laquelle la souveraineté s'identifiait avec la puissance législatrice. Le cas de l'Angleterre faisait là-dessus problème. Car depuis la conquête normande la langue française était la langue du roi et de la cour, tandis que la langue anglo-saxonne avait été reconnue et conservée en position inférieure, aux basses instances féodales de la justice et de l'administration. Or le développement économique, la croissance des villes, l'arrivée de nouvelles couches sociales dans la sphère des pouvoirs en Angleterre comme en France et dans toute l'Europe, s'étaient faits en langue anglaise dans le royaume d'Angleterre. En 1386 les sujets du roi d'Angleterre obtiennent le droit d'adresser en anglais leurs pétitions au Parlement qui répondra pendant quelques années encore en français. Le cercle dans lequel le français est parlé spontanément se rétrécit rapidement. C'est pourquoi les lettrés anglais stimulent l'apprentissage du français par des manuels de bonne conversation et des recueils de règles de grammaire. Pour la première fois la réflexion sur la grammaire ne se fait plus seulement en latin sur le latin, mais en français et en anglais sur le français.

Rivales mais constamment partenaires, la langue française et la langue anglaise n'existent que par un exercice mutuel. Il est impossible de présenter leur histoire sans mettre en lumière l'alternance de leurs influences en Europe. Le rapport de la langue et de la littérature française à la langue et à la littérature italienne aux XIIIe et XIVe siècles n'est pas moins éclairant.

Vers le milieu du XIIIe siècle, l'empereur Frédéric II, souverain qui deviendra légendaire comme Charlemagne dans le Saint Empire romain germanique, règne sur Naples et la Sicile en même temps que sur la nation germanique.

Fils de l'empereur germanique et de la princesse de Sicile, roi de Sicile à l'âge de 3 ans, il est élu empereur germanique à l'âge de 18 ans (1212) sur l'initiative politique du pape Innocent III, puis opposé au pape, excommunié, innovant à l'époque des croisades d'obtenir par négociation avec le sultan d'Egypte un traité de commerce et la Couronne de Jérusalem.

Frédéric II possédait le français et le provençal depuis son enfance et leurs littératures lui étaient familières. Il entreprend de hausser une langue écrite représentative des parlers de l'Italie du Sud au rang de langue de la cour et des fêtes ; de fonder un Etat avec un corps de fonctionnaires, une équipe de grands juristes, une université. Avant lui c'est le français que les Normands, rois de Sicile, avaient voulu introduire « afin de créer l'unité de la nation ». Il échouera lui aussi à faire exister la langue « sicilienne ».

Un demi-siècle plus tard, à l'époque où fleurissaient en Italie les cités et les princes qui tiraient leur personnalité, leur richesse ou leur malheur de leur position intermédiaire entre l'Orient et l'Occident, le pape et l'empereur, Dante (1265-1321) invente à son tour les lettres italiennes en face des lettres françaises.

Dante Alighieri, noble florentin destiné à la carrière diplomatique, avait naturellement reçu sa formation essentielle en latin et l'héritage de la pensée moderne en français. Son maître Brunetto Latini avait composé en français de Paris *Li Livres dou Trésor*, sorte d'encyclopédie vulgarisée dans une langue poétique, et un abrégé moins ambitieux, *il Tesoretto* en langue d'Italie. Dante compose en latin ses traités De Monarchia, *De Vulgari Eloquentia*, et en italien ses chants lyriques *la Vita Nuova*.

Il veut créer en langue italienne un champ de pensée rival de celui de la grande littérature française, épique et morale. Et pour cela il transforme sa langue vulgaire en « volgare illustre », une écriture qui combine symboliquement des traits des parlers « sicilien, lombard, romagnol, des Pouilles, de l'une et l'autre Marche ». Une telle opération n'a dans son œuvre rien d'artificiel, car *la Commedia* s'y incarne, épopée mystique de l'humanité en quête de bonheur terrestre et de salut dans l'autre monde : *La Divine Comédie*, atteignant d'emblée (comme la *Chanson de Roland*) la personnalité linguistique avec l'excellence d'une vision du monde.

On peut dès lors apercevoir, par comparaison, la différence dans l'histoire des deux langues. Dans le cas de la langue française le travail des lettrés a fait partie intégrante d'un projet politique (l'unité du royaume) identifié à l'avenir d'une dynastie et nourri dans les lieux du pouvoir. Dans le cas de la langue italienne, la dispersion des Etats n'a pas permis le développement d'une langue nationale ; les œuvres des lettrés se sont refermées sur elles-mêmes. Deux siècles après Dante, Machiavel pense que l'italien ne peut pas être la langue imaginée par Dante, mais plutôt un idiome réel, spécialement le florentin qui est vivant chez Dante, enrichi au besoin d'emprunts à l'étranger. Encore aujourd'hui la littérature italienne cherche à surmonter sa division en dialectes. Elle s'est du même coup largement ouverte à ses variantes régionales et aux langues européennes.

Dans tous les cas, il est certain que le transfert du savoir en Europe (du latin aux langues nationales et entre langues nationales) n'aurait pas pu avoir lieu sans le travail séculaire du corps enseignant. Ceux dont nous connaissons l'histoire par l'ouvrage décisif de Jacques le Goff, *Les intellectuels au Moyen Age* (Paris, Le Seuil, 1957) participant à la fois de l'Eglise et du monde laïque, les artisans des lettres, maîtres par métier dans les Ecoles, apparaissent comme les multiples héritiers des lointains fondateurs carolingiens, au cours de l'essor urbain du xiie siècle ; ils développent au xiiie siècle leur esprit corporatif et leur pratique théorique au point qu'à leur sommet les grands universitaires accaparent les chemins du pouvoir et risquent de se dessécher enfermés dans la scolastique ; ils passent enfin au xive dans l'orbite des princes et des puissances laïques, soit pour former une caste d'humanistes privilégiés, soit pour se disperser dans les couches obscures de la bourgeoisie.

Chapitre II

LES LIVRES
ET LES THÉÂTRES

1. **L'affluence des idées européennes.** — Par fondation, tout mouvement des idées en Europe était une renaissance. Car le savoir se recréait quand il passait à l'écriture et quand il passait d'une langue dans une autre. Chaque génération intellectuelle (chaque siècle) a fait ainsi renaître la culture antique en son temps. Pourtant on parle de la *Renaissance* avec un *R* majuscule comme d'un commencement absolu. Les dictionnaires reconnaissent cette acception originale du terme et ils la définissent : « L'essor intellectuel provoqué à partir du xve siècle en Italie puis dans toute l'Europe. » En effet c'est à l'époque de la Renaissance que les littératures européennes se sont mariées entre elles une fois parvenues à maturité, autrement que sur ordre direct de la pensée latine. En retour, le surgissement des nouvelles communautés a donné une autre profondeur et une autre extension à la culture générale. Jamais la littérature gréco-latine n'a été plus fécondée ni plus féconde en Europe qu'aux xve-xvie siècles.

Pendant les années 1400 — le *Quattrocento* italien — les cités républicaines (Venise, Florence...) et les cours princières (des Visconti à Milan, des Médicis à Florence, des papes à Rome...) fournissaient aux idées neuves le support de milieux politiques assez libres et de milieux d'affaires très riches.

Les Médicis, probablement apothicaires à l'origine, étaient devenus marchands et banquiers prospères au XIIIe siècle ; ils sont gonfaloniers (magistrats suprêmes) à Florence au XIVe et se succèdent au pouvoir de façon quasiment dynastique au XVe.

Un Visconti archevêque de Milan au XIIIe siècle ayant fait élire son neveu « capitaine du peuple », les Visconti se succèdent à la tête de Milan et de la Lombardie au XIVe siècle.

Valentine de Milan épouse le frère du roi de France Charles VI au XVe siècle. Catherine et Marie de Médicis sont reines de France aux XVIe et XVIIe siècles.

L'essor intellectuel accompagne un afflux de textes sans précédent en Europe. Au milieu du XVe siècle, l'effondrement de l'Empire byzantin (1453, prise de Constantinople par les Turcs) chasse en Occident, spécialement en Italie, quantité de savants apportant avec eux quantité de manuscrits anciens. La culture latine médiévale reprend la dimension dont elle manquait depuis des siècles faute de contact direct avec la langue et les œuvres grecques de la doctrine chrétienne et de la pensée antique.

En même temps l'invention de l'imprimerie provoque une mutation dans la circulation des ouvrages.

A l'époque de Charlemagne la mise au point d'un nouveau type d'écriture cursive avait été décisive dans la renaissance des études. L'aboutissement des techniques de reproduction non manuelle de l'écriture, apparues en Chine au VIIe siècle, devait être plus déterminante encore. Car pendant des siècles on avait utilisé la gravure sur bois pour reproduire (plus exactement mais plus lentement qu'à la main) une par une des images entières (papier-monnaie chinois, pages sur papier en Chine, pages à la fin du Moyen Age en Europe). Mais l'imprimerie moderne apparaît du côté des orfèvres qui coulent des caractères métalliques très fins qu'on peut assembler selon toutes sortes de combinaisons mobiles. Ces impressions sont réalisées à une époque de floraison des arts mécaniques, et elles sont financées à une époque de développement du système capitaliste. Les moulins à papier sont du XIVe siècle. Le premier haut fourneau est construit dans la région de Liège au début du XVe siècle.

L'orfèvre Gutenberg, à Strasbourg puis à Mayence, invente la presse à imprimer des textes, mais ne réussit pas à s'entendre avec ses commanditaires. Deux de ses associés fondent une entreprise prospère qui sort le premier livre signé de ses typographes, le Psautier de Mayence, en 1457. Dès 1462 les typographes de Mayence essaiment à travers l'Europe. A partir de là jusqu'à nos jours, l'histoire des livres dépend des mutations industrielles et financières.

Les clients naturels des imprimeurs sont les pouvoirs établis. A commencer par l'Eglise qui détient le privilège de la prédication et de l'enseignement. Les premiers livres imprimés sont des psautiers et des grammaires élémentaires. La première presse installée à Paris est à la Sorbonne. Mais les instances laïques princières, aristocratiques et déjà bourgeoises se servent également des presses pour diffuser et associer les jeunes littératures nationales. Vers 1500, 40 000 livres auront été édités ; vers 1550 en France les éditions latines seront en minorité.

La mutation dans la circulation des textes a pour première conséquence de créer un nouveau type d'hommes : le public littéraire, c'est-à-dire l'ensemble des gens qui lisent, voient, entendent les œuvres écrites. Jusque-là, malgré la lente progression du savoir dans la « chevalerie », la « clergie » était formée de lettrés qui avaient pour mission d'écrire et lire à la fois. Désormais, de part et d'autre du livre imprimé lancé dans le public, il y aura ceux qui ont pour mission d'écrire en produisant du neuf (et qui bien entendu savent lire), et ceux qui ont pour fonction de lire (et qui bien entendu se sont souvent exercés à tracer des lettres ou même à rédiger, pour savoir lire). Un nouveau régime des textes va faire surgir d'autres rapports sociaux, une Réforme des esprits transformant la précédente théologie de l'Ecriture sainte et des langues vulgaires.

Les historiens datent de « la Renaissance » européenne l'émergence de l'esprit critique moderne, c'est-à-dire d'un jugement dégagé des dogmes de la foi religieuse. Jusque-là les clercs formaient leur jugement d'en haut sur les fidèles, ou entre eux par dissertations. La communication des livres oblige l'écrivain à soumettre sa « pensée » à la liberté de son lecteur, tandis que le lecteur est obligé de travailler personnellement à se faire une opinion. L'œuvre était autrefois aux yeux des clercs *speculum mundi (le miroir du monde)*, elle sera désormais *spéculation* : réflexion en vis-à-vis, soit par écriture, soit par lecture, chez des gens personnellement intéressés à réussir l'opération. Au début de l'ère des livres, la littérature française va produire son nouveau public, ses nouveaux auteurs : Rabelais et Montaigne.

L'esprit critique (libre pensée, libre examen, examen de conscience, critique littéraire) n'est pas sorti seulement des livres. Il s'est aussi formé dans les théâtres, lieux de représentation du monde aussi différents des estrades médiévales que les livres imprimés étaient différents des manuscrits.

A une époque où on n'avait ni livres ni carnets de notes, les clercs médiévaux, après les lettrés grecs et romains, se servaient d'images mentales pour se remémorer leurs phrases (leurs idées) et les construire en discours : chaque partie d'un texte était associée aux épisodes d'un parcours, aux compartiments d'un édifice. Les Mystères religieux consistaient en tableaux vivants (nous avons encore des « crèches ») juxtaposés en scènes montées sur le parvis d'une cathédrale, ou dans les rues comme moments d'une procession, d'un cortège. *La Divine Comédie* de Dante, comme les « miroirs du monde » *(Imago Mundi, Speculum Mundi)* se composait d'épisodes distribués sur le trajet d'une déambulation. Cette structure de l'imagination va se transformer avec les livres et les théâtres de la Renaissance.

Les humanistes italiens du XVIe siècle entreprennent

de construire en pierre des bâtiments pour la scène, renouvelés de l'architecture antique, et capables de s'insérer dans les palais aristocratiques.

« Le teatro Olimpico de Vicence, œuvre de Palladio (1585) reconstitue en lieu couvert les structures romaines de l'hémicycle et du corps de scène. Cependant, l'invention capitale lui est antérieure d'un demi-siècle : c'est l'utilisation de la perspective picturale. A Vicence même, Serlio avait conçu un plateau en profondeur permettant la plantation de portants en équerre, peints en trompe-l'œil et disposés de part et d'autre d'un axe médian en fuite vers le fond. Ce dispositif dit « à l'italienne », avait pour effet de créer une illusion optique aussi parfaite que celle que procure un tableau. Jusqu'à nos jours, les continuateurs de Serlio le perfectionneront, grâce aux progrès du luminaire et de la machinerie, sans en modifier le principe » (Raoul Pignarre, *Encyclopaedia Universalis*, art. Théâtre, vol. 15).

Le dispositif scénique à l'italienne va devenir le lieu de création du théâtre européen à l'âge « classique » des cours et des villes. Entre l'écrivain et le lecteur, le face-à-face ménagé par le livre reste imaginaire ; le va-et-vient entre le point de vue subjectif et le point de vue objectif d'une vision du monde relève de la vie intérieure ; il faut encore un travail d'expression pour le communiquer. Au contraire le jeu de la réflexion est entièrement matérialisé dans le théâtre où le public dans la salle regarde les acteurs sur la scène, et réciproquement. La loge princière est située exactement au « point de vue » de la perspective ; le prince y voit tout et lui-même est au centre des regards.

Ce n'est qu'à la fin du XVIIIe siècle que les bâtiments théâtraux seront assez grandioses et assez nombreux pour former leur réseau culturel en Europe. Il faudra aussi plusieurs générations littéraires pour créer le répertoire d'œuvres théâtrales représentatif des différentes souverainetés nationales, c'est-à-dire écrit de façon à traduire l'existence de tout un peuple. Traduire : inventer une écriture symbolique d'une communauté, ayant pour ambition de passer dans la langue et l'esprit des autres.

La créativité en ce genre, aux XVe-XVIe siècles, n'avait pas son principal siège en France, où la puissance de l'Etat et celle de la langue française avaient à se dégager de formes séculaires. A l'époque de la Renaissance, c'est en Italie, en Espagne et en Angleterre que se jouent les littératures de l'avenir.

En Italie les fêtes princières convoquent tous les arts. L'érudition, l'art lyrique, les arts plastiques produisent les cortèges, les ballets, les mascarades pour lesquels Léonard de Vinci imagine des machines, Raphaël des décorations, les poètes des allégories, et les musiciens un « style représentatif » qui deviendra l'opéra.

En Angleterre la « langue anglaise » métissage d'anglo-saxon, de latin et de français, a pris le pas sur la langue française et elle a connu sa première illustration par les *Canterbury Tales* de Chaucer (1340-1400, traducteur et émule des romans français) publiés en 1526, chronique sociale écrite selon la technique du *Decameron* italien. Elle sera pleinement souveraine à la fin du XVIe siècle et au début du XVIIe, tardivement (sur la scène de forme particulière du théâtre élisabéthain). Shakespeare sera joué très peu de temps avant Corneille et ne règnera sur l'Europe des idées que beaucoup plus tard.

En Espagne un nouveau type de « lecture publique » est inauguré par *la Tragicomedia de Calisto y Melibea : la Celestina (la Célestine)* de Fernando de Rojas (1499) sorte de roman dialogué étiré sur 21 actes qui mêle le noble thème de l'amour fatal à des scènes vulgaires de la rue et des maisons bourgeoises. La renaissance littéraire espagnole accompagne l'expansion coloniale, le règne européen de Charles-Quint. Enfin c'est un homme d'Eglise de naissance basque, de langue espagnole et de vocation universelle, Inigo de Loyola, qui va fonder l'institution, *la Compagnie de Jésus*, qui succédera aux universités dans la transmission des Ecritures, des Lettres et des Sciences.

Ignace de Loyola est né (entre 1491 et 1493) d'une vieille famille basque de la province de Guipuzcoa ; et, de son propre aveu, il a été jusqu'à 26 ans « un homme adonné aux vanités du monde » qui « se délectait dans l'exercice des armes avec un grand et vain désir de gagner de l'honneur », donc dans l'orbite des ducs et des rois d'Espagne, de Navarre et aussi de France. Mais les péripéties mêmes de sa jeunesse empêchent qu'on l'identifie avec la personne mythique de l' « Espagne ».

L'esprit chrétien d'universalité anime la conversion d'Ignace, « régénération spirituelle », selon ses propres termes, qui a fait de lui « un autre homme ». Les *Exercices spirituels* rédigés tout au long de sa vie sont écrits en espagnol, *Ejercicios espirituales*, mais de l'intérieur de la communauté chrétienne, et traduits en latin du vivant d'Ignace en 1548 (par le P. Frusius, des Freux). La Compagnie de Jésus est née à Saint-Pierre-de-Montmartre, de l'engagement pris par 7 maîtres ou étudiants de l'Université de Paris, le Basque Loyola, le Savoyard Pierre Favre, le Navarrais Francisco de Jassu y Xavier, le Portugais Simon Rodriguez, le Castillan Jacques Laynez descendant d'une famille de juifs convertis qui sera le premier successeur d'Ignace à la tête de la Compagnie, Alphonse Salmerón, Nicolas Bobadilla. Le caractère international du recrutement et de l'action des jésuites va s'affirmer comme une transformation de l'universalité antérieure des clercs. Pareillement leurs collèges, leurs méthodes d'enseignement vont transformer le colinguisme latino-européen sans rien abandonner de l'autorité sacrée de la langue latine. Le tout, à l'échelle de la planète.

En France, l'époque de « la Renaissance » prendra fin lorsque les élèves des jésuites (Descartes, Corneille, Molière...) viendront à l'avant-garde des idées européennes ; plus tard d'autres élèves des jésuites (Voltaire, Diderot, Robespierre...) porteront la langue française jusqu'à « la Révolution ».

2. **Le goût français.** — Ce qu'on appelle en français « les guerres d'Italie » accompagne « la Renaissance » dans l'imagination des Français. Ayant commencé

comme « la guerre de Cent ans » par une querelle dynastique, les guerres du xvi⁰ siècle se sont poursuivies sur plusieurs générations (1494-1559) et ont mis en jeu tous les Etats européens sur le sol italien. Finalement les Etats italiens y ont perdu leur indépendance tandis que toutes les nations européennes étaient recréées par leur contact avec la culture italienne. La littérature française a trouvé le moyen de surmonter les pesanteurs de sa tradition bien établie en se plongeant dans les œuvres de langue italienne.

L'année du début des guerres d'Italie, 1494, naissait au cœur de la France dans une riche métairie le fils d'un avocat de Chinon : François Rabelais. La vocation des lettres et les carrières ecclésiastiques étaient normales chez un enfant de sa condition. Il a en outre la chance individuelle de parcourir toute l'échelle des formations littéraires qu'on pouvait acquérir à l'époque.

Il passe d'abord son enfance et sa première jeunesse au sein d'une abbaye et d'un couvent du voisinage. Il y est entièrement soumis aux méthodes scolastiques médiévales qu'il rejettera dès qu'il aura découvert d'autres accès au savoir, avec d'autant plus de violence qu'il avait mis beaucoup d'ardeur à s'instruire. Il met la main sur des livres, apprend le grec, correspond avec de grands érudits, traduit en latin l'historien grec Hérodote. Il entre alors en conflit avec la Sorbonne qui entend surveiller la critique des Ecritures et qui lui fait retirer ses livres de grec.

A 30 ans il passe sous la protection de son évêque défenseur des idées nouvelles et se met à courir le monde des gens et des savants. Il suit l'évêque dans les pays du Poitou ; participe aux réunions aristocratiques avec des poètes virtuoses ; complète à la Faculté de Poitiers ses connaissances du Droit ; discute des problèmes de la Religion et de la Réforme ; est étudiant à Bordeaux, Toulouse, Orléans et Paris ; il s'inscrit, à 36 ans, auprès de la Faculté de Médecine de Montpellier où il va étudier les auteurs anciens d'anatomie et de physique (Aristote), et enseigner ensuite dans le texte grec original, innovation capitale. A 38 ans il publie à Lyon un livre d'Hippocrate avec des commentaires. La même année, toujours à Lyon (d'où il est allé plusieurs fois en Italie) le *Pantagruel*, deux ans plus tard le *Gargantua*. Médecin réputé, il accompagne le cardinal du Bellay, évêque de Paris, à Rome, fréquente la cour pontificale, exerce aussi la médecine à Turin. Libéré de ses vœux monastiques après diverses péripéties, il devient docteur en médecine, l'un des meilleurs du royaume de France. En même temps il poursuit son œuvre d'écrivain humaniste, publie le *Tiers Livre* à 52 ans, le *Quart Livre* à 58 ans (1546, 1552). Il obtient le bénéfice de la cure de Meudon, mais ses ouvrages sont condamnés par l'Eglise et le Parlement. Il meurt vers 60 ans (1553 ou 1554).

Cet abrégé de la vie de Rabelais, réduit à l'essentiel, présente à l'intelligence historique des gens de la fin du XXe siècle un cas exemplaire de la première génération de lettrés français « humanistes ». On peut y saisir sur le vif comment les apprentissages linguistiques provoquent un génie créateur.

Car la pensée de Rabelais est identique à son style : une rencontre organisée entre les langues et langages. Chaque page de son œuvre reproduit comme en rêve le premier travail de tout homme : faire entendre sa voix. Travail qui commence lorsque le nouveau-né parvient à symboliser son existence dans son cri ; qui recommence lorsque l'enfant (latin « infans » = celui qui ne parle pas) apprend à symboliser ses cris dans les mots du langage maternel ; qui recommence chaque fois qu'il faut changer de langage ou de langue avec un partenaire ; et surtout quand il faut maîtriser les langages par les symboles de l'écriture ; autant de transfigurations, que la fantaisie littéraire symbolise à son tour dans un savoir et une langue imaginaires. Gargantua sort du ventre de sa mère au cours d'une indigestion malencontreuse :

« Par cet inconvénient furent au-dessus relâchés les cotylédons de la matrice, par lesquels sursauta l'enfant, et entra en la veine creuse, et, gravant [montant] par le diaphragme jusqu'au-dessus des épaules (où ladite veine se part en deux), prit son chemin à gauche, et sortit par l'oreille senestre [gauche].

« Soudain qu'il fut né, ne cria comme les autres enfants : "Mies ! Mies !", mais à haute voix s'écriait : "A boire ! A boire ! A boire !", comme invitant tout le monde à boire, si bien qu'il fut ouï de tout le pays de Beusse [pays de Loudun] et de Bibaroys [le Vivarais, prononcé à la gasconne] » (*Gargantua*, chap. VI).

Comprendre « cette étrange nativité », c'est brouiller et réinventer la pratique des textes latins, grecs et français, les rapports du non-écrit à l'écrit, l'usage des mots généraux et particuliers. Mettre en question le bon sens.

Parmi les millions de livres qui avaient brusquement surgi en Europe figuraient massivement des images pieuses, puis profanes, des almanachs, des livrets illustrés propagateurs de croyances qui seront au XIXe siècle qualifiées d'obscurantistes. Depuis toujours un abîme mental séparait la pensée des lettrés de celle du commun des fidèles. Les grandes éditions critiques d'Aristote ou d'Hippocrate ne comptaient pas parmi les forts tirages (ni non plus aujourd'hui). Mais l'imprimerie créait un terrain d'affrontement entre les idées. Rabelais écrit pour le grand public et il trouve le moyen de confondre sous le même ridicule la scolastique rétrograde et les superstitions vulgaires. Si les libraires imprimeurs de Lyon vendent quelques exemplaires de son édition commentée d'Hippocrate, ils ont du succès avec une facétie anonyme : les *Grandes et inestimables Cronicques du grant et enorme geant Gargantua*, auquel Rabelais imagine de donner un fils : Pantagruel. Les aventures de *Pantagruel* et de *Gargantua* sont des best-sellers, des affaires européennes menées dans des boutiques.

Un moine italien, bénédictin en rupture de couvent comme Rabelais, et son aîné de quatre ans, Girolamo Folengo, philosophe rationaliste et poète religieux, avait repris la tradition satirique intérieure aux universités, et inventé, sous le pseudonyme de Merlin Coccaie (Merlin le Cuisinier, un nom latino-italofrançais), un genre « macaronique » (macarons et macaronis sont des pâtes italiennes cuisinées) ; des anecdotes bouffonnes pleines de sous-entendus politiques et religieux y étaient écrites dans une langue fictive, combinaison de latin (un latin « de cuisine » issu des collèges où l'obligation de s'exprimer exclusivement en latin s'étendait jusqu'au domestique) et de dialectes italiens. L'*Opus Macaronicum* est publié en 1520. Rabelais le lit en France ou en Italie. Et il entre dans le jeu, il jette ses forces dans l'entreprise commencée.

Merlin Coccaie, une aventure de *Baldus* [Balde, petit-fils de Charlemagne, court le monde avec le géant Fracasse et le subtil Cingar. Ils ont payé leur passage sur un navire, mais les passagers — des marchands de moutons avec 3 000 bêtes — les traitent en intrus et menacent de les jeter à l'eau.] : « Cingar cauteleux, voyant le temps proche et propre pour mettre à effet ce qu'il avait en pensée, finement s'approcha de l'un de ces paysans, lui disant : "O, que voici grande abondance de vivre ! Veux-tu, mon compagnon, me vendre un gras mouton ?" Le marchand lui répondit : "Moi ! trois, huit, quatorze, si un seul ne te suffit, moyennant que tu le veuilles payer et que tu m'en donnes au moins huit carlins pour pièce." »

> « Fraudifer ergo videns Cingar jam stare propinquum
> tempus oportunum, sua quo pensiria cordis
> mandet ad effectum, sese cativellus acostat
> villano dicens : — O quantae copia carnis !
> Vis, compagne, mihi castronem vendere grassum ?
> Respondet pegorarus : — Ego ? tres, octo, quatordes,
> si tibi non unus bastat ; modo solvere voias,
> ac de almancum carlinos octo per unum. »

[Cingar jette le mouton à la mer et tous les moutons suivent.]
« Par ce moyen la mer fut toute couverte de poissons porte-laine et ces moutons paissaient autre chose que de l'herbe. »

> « Totum lanigeris completur piscibus aequor
> atque aliud pascunt agni quam gramen et herbas. »

Baldus, Liber XII, 140 sq., in *La Letteratura italiana Storia e Testi*, Direttori R. Matteoli..., vol. 26, t. 1, Milano, Ricciardi ed., 1977.

(Trad. anonyme de 1606, rééd. 1859, in *Les Textes français du XVIe siècle*, de Chevaillier-Audiat, Paris, Hachette, 1927.)

Rabelais transpose Merlin Coccaie en français fictif. Il veut, comme l'écrivain italien, faire triompher l'ingéniosité d'un homme instruit, sur la force écrasante des appétits bornés. Parce qu'il est capable, plus qu'un autre, d'évaluer la puissance de feu du style macaronique (récit accéléré en langue baroque), il est capable aussi de varier l'armement. Il imagine dans son *Tiers Livre* l'épisode des « moutons de Panurge » sous la forme d'un récit constamment retardé qu'il allonge encore, en ajoutant, après la première édition, des détours aux marchandages.

« [...] Panurge dit secrètement à Epistémon et à frère Jean [précepteur et ami de Pantagruel] : "Retirez-vous ici un peu à l'écart, et joyeusement passez temps à ce que vous verrez. Il y aura bien beau jeu, si la corde ne rompt." Puis s'adressa au marchand, et de rechef but à lui plein hanap de bon vin lanternois [contrée imaginaire]. Le marchand le pleigea gaillard [lui rendit la pareille], en toute courtoisie et honnêteté [politesse].

« Cela fait, Panurge le priait dévotement lui vouloir de grâce vendre un de ses moutons. Le marchand lui répondit : "Halas, halas mon ami, notre voisin, comment vous savez bien trupher [vous moquer] des pauvres gens. Vraiment, vous êtes un gentil chaland. O le vaillant acheteur de moutons ! Vraibis [Vrai Dieu] vous portez le minois en mie [non pas] d'un acheteur de moutons, mais bien d'un coupeur de bourses. Deu ! Colas m'faillon [exclamation lorraine : Dieu ! par Saint Nicolas mon fiston !], qu'il ferait bon porter bourse pleine auprès de vous ! Han, han, qui ne vous connaîtrait [si on ne vous connaissait pas], vous feriez bien des vôtres. Mais voyez, ô bonnes gens, comme il taille de l'historiographe ! [comme il fait l'important ! : plaisanterie dirigée à la fois contre les ignorants qui emploient des mots savants, et contre la suffisance des savants].

— Patience, dit Panurge. Mais à propos, de grâce spéciale, vendez-moi un de vos moutons. Combien ?

— Comment, dit le marchand, l'entendez-vous, notre ami, mon voisin ? Ce sont moutons à la grande laine [calembour : 'les moutons à la grande laine' étaient des pièces d'or marquées d'un agneau nimbé]. Jason y prit la toison d'or. L'ordre de la maison de Bourgogne en fut extrait. Moutons de Levant, moutons de haute futaie, moutons de haute graisse.

— Soit, dit Panurge. Mais, de grâce, vendez m'en un, et pour cause, bien et proprement vous payant en monnaie de Ponant, de taillis et de basse graisse. Combien ?

— Notre voisin, mon ami, répondit le marchand, écoutez çà un peu de l'autre oreille.

— A votre commandement.

— Vous allez en Lanternois ?
— Voire [oui vraiment].
— Voir le monde ?
— Voire.
— Joyeusement ?
— Voire.
— Vous avez nom, ce crois-je, Robin-Mouton ? [vous ne savez que répéter 'voire' comme le mouton 'bê'].
— Il vous plait à dire.
— Sans vous fâcher.
— Je l'entends ainsi.
— Vous êtes, ce crois-je, le joyeux [le fou] du roi ?
— Voire.
— Fourchez là [Tapez là]. Ha, ha ! Vous allez voir le monde, vous êtes le joyeux du roi, vous avez nom Robin-Mouton. Voyez ce mouton-là : il a nom Robin, comme vous. Robin, Robin, Robin ! Bê, bê, bê, bê ! O la belle voix !
— Bien belle et harmonieuse.
— Voici un pacte qui sera entre vous et moi, notre voisin et ami. Vous, qui êtes Robin-Mouton, serez en cette coupe de balance ; le mien mouton Robin sera en l'autre ; je gage un cent d'huîtres de Buch [dans le bassin d'Arcachon] qu'en poids, en valeur, en estimation, il vous emportera haut et court, en pareille forme que serez quelque jour suspendu et pendu.
— Patience, dit Panurge. Mais vous feriez beaucoup pour moi et pour votre postérité, si me le vouliez vendre, ou quelque autre du bas-chœur. Je vous en prie, sire monsieur.
— Notre ami, répondit le marchand, mon voisin, de la toison de ces moutons seront faits les fins draps de Rouen ; les louchets [terme technique dont le sens s'est perdu] des balles de limestre [drap fin de Lemster en Angleterre] au prix d'elle, ne seront que bourre. De la peau seront faits les beaux maroquins, lesquels on vendra pour maroquins turquins ou de Montélimart, ou d'Espagne pour le pire. Des boyaux on fera cordes de violons et harpes, lesquelles tant chèrement on vendra comme si fussent cordes de Munican [Munich] ou Aquilée. Que pensez-vous ?
— S'il vous plaît, dit Panurge, m'en vendrez un ; j'en serai bien fort tenu au courail de votre huis [au verrou de votre porte, locution de sens inconnu]. Voyez ci argent comptant. Combien ?" Ce disait montrant son escarcelle pleine de nouveaux henricus [monnaie frappée l'année de la 1re édition du *Quart Livre*].
« [Après de longues tractations, le marché est conclu.] Soudain, je ne sais comment, le cas fut subit, je n'eus loisir le considérer, Panurge, sans autre chose dire, jette en pleine mer son mouton criant et bêlant. Tous les autres moutons, criant et

bêlant en pareille intonation commencèrent soi jeter et sauter en mer après à la file. [...] Autant en firent les autres bergers et moutonniers, les prenant uns par les cornes, autres par les jambes, autres par la toison. Lesquels tous furent pareillement en mer portés et noyés misérablement. [...]

« La nauf [le navire] vidée du marchand et des moutons : "Reste-t-il ici, dit Panurge, ulle [aucune] âme moutonnière ?" [...] » (*Pantagruel, Quart Livre*, chap. VI, VII, VIII).

L'enseignement des Lettres en France tel qu'il est dispensé depuis cent ans dans un esprit nationaliste, parle d'« emprunts » faits par Rabelais à d'autres ouvrages (jamais cités dans leur langue) et soutient toujours que l'écrivain français a « développé » et « enrichi » ce qu'il a trouvé bon. Point de vue qui croit « expliquer » l'envergure d'un génie en supprimant la personnalité de ses partenaires ; et qui méconnaît l'interdépendance profonde des langues et des styles. Pour souligner l'originalité de chaque ouvrage, il faudrait pouvoir comprendre comment Merlin Coccaie cristallise une écriture italienne sur du latin de cuisine, tandis que Rabelais fait proliférer l'écriture française en greffant sur elle d'étranges organes. Le foisonnement verbal chez Rabelais n'est ni anarchique ni systématique ; l'écrivain fait courir des risques à la grammaire et à la rhétorique françaises de son temps en les aventurant, comme Panurge, hors de leurs frontières. Il inaugure en Europe par contraste avec une littérature médiévale hiérarchisée, une littérature d'échanges modernes. Sous les métaphores du boire et du manger s'élabore une idéologie du goût, faculté de sentir et juger comparativement les choses de l'âme.

La deuxième génération de lettrés français à l'époque de la Renaissance n'a plus à découvrir l'Italie ni à inventer l'imprimerie : elle a été élevée en bibliothèque pendant les guerres européennes. Joachim du Bellay, né en 1522 en Anjou, et Ronsard, né en 1524 en Vendômois, avec quelques autres, lanceront le premier Manifeste littéraire national : la *Défense et illustration de la langue française* (1549). Ouvrage dont les lycées français actuels présentent encore la doctrine comme irréfutable. Cette doctrine éparse à travers des affirmations et des conseils, prolonge, au regard d'un historien actuel, la ligne tracée sous Charles V : la langue française doit rivaliser avec la langue latine dans le domaine des idées et de l'art. Il faut l'illustrer, c'est-à-dire lui donner une grande littérature, en utilisant et dépassant le travail des traductions, jusqu'à écrire des œuvres dignes des grands genres antiques (Ode, Tragédie, Comédie, Epopée). Le groupe des jeunes poètes n'invoque plus le dessein de Dieu, il veut ignorer la théologie médiévale des langues. Il se nomme lui-même « la Pléïade », et prétend relever directement de l'Antiquité : c'est une façon de pousser à l'extrême un idéal de laïcité, d'indépendance devant l'autorité des hommes d'Eglise. C'est aussi une façon de passer sous silence tout ce que la nouvelle littérature française tire de son alliance avec la littérature italienne.

Vers 1545, Ronsard et du Bellay, l'un à 21 ans, l'autre à 25, déjà solidement instruits, s'étaient faits étudiants à Paris afin d'apprendre sérieusement les langues anciennes et la littérature italienne. Du Bellay, neveu du cardinal protecteur de Rabelais, sera plus tard chargé de fonctions diplomatiques à Rome ; il respirait depuis sa naissance les poésies de Pétrarque et des humanistes italiens tels que le cardinal Bembo, auteur de la *Prosa della volgar lingua (Proses sur la langue vulgaire)* visant à faire préférer l'italien au latin. Ronsard, élève à 11 ans du fameux Collège de Navarre, était passé à 12 ans, comme page, au service des princes ; il avait suivi Madeleine de France, reine d'Ecosse jusqu'en Ecosse, et était revenu par l'Angleterre et la Flandre ; il avait séjourné trois mois en Allemagne, à 16 ans, chez son cousin le diplomate Lazare de Baïf. Du Bellay, Ronsard, Baïf, n'étaient pas des esprits bornés par l'horizon de leur « petit Liré » ou de leur « Vendômois ». Quand ils font des ouvrages lyriques, quand ils « illustrent » la forme du *sonnet* (mot français tiré en 1539 de l'italien *sonneto*, lui-même tiré du français du XIIe siècle *sonnet* « chansonnette », issu d'un *son* « poème » plus ancien encore), c'est à l'intérieur d'une forte pratique du colinguisme.

Avant d'écrire le sonnet français :

« Heureux qui, comme Ulysse, a fait un beau voyage,
Ou comme cestui-là qui conquit la toison,
Et puis est retourné, plein d'usage et raison,
Vivre entre ses parents le reste de son âge ! [...] »

Du Bellay avait composé à Rome une élégie latine sur le même sujet (poème qualifié d' « ébauche » par l'idéologie d'hier qui voulait enfermer la littérature nationale dans une supériorité illusoire), et il avait ressuscité les locutions, les figures et les rythmes de l'art virgilien :

« Felix qui mores multorum vidit et urbes,
Sedibus et potuit consenuisse suis [...]
Quando erit ut notae fumantia culmina villae
Et videam regni jugera pauca mei ? [...] »

(« Heureux qui a vu les mœurs et les villes de beaucoup de peuples, et a pu vieillir dans son propre foyer. [...] Quand reverrai-je le toit fumant de ma maison de famille et les pauvres arpents qui font mon royaume ? »)

Pour écrire l'*Ode à la fontaine Bellerie* en français littéraire original, Ronsard a traduit l'*Ode* d'Horace (III, 13) sur l'original latin « O fons Bandusiae, splendidior vitro [...] » (« O fontaine Bandusie, miroitante plus que le cristal »). Il fait exploser sa passion amoureuse en forme d'énumération (une des figures les plus élaborées de la rhétorique gréco-latine) dans un sonnet qui rivalise avec un sonneto d'Artemisio Bevilacqua :

« Ciel, air et vents, plains [plaines] et monts découverts,
Tertres fourchus, et forêts verdoyantes,
Rivages tors, et sources ondoyantes,
Taillis rasés, et vous, bocages verts ;

Antres moussus à demi-front ouverts,
Prés, boutons, fleurs et herbes rousoyantes [couvertes de rosée]
Coteaux vineux et plages [plates campagnes] blondoyantes,
Gastine, Loir, et vous, mes tristes vers,

> Puisqu'au partir [au départ], rongé de soin [souci] et d'ire
> A ce bel œil l'adieu je n'ai su dire,
> Qui près et loin me détient en émoi,
> Je vous suppli, ciel, air, vents, monts et plaines,
> Taillis, forêts, rivages et fontaines,
> Antres, prés, fleurs, dites-le lui pour moi. »

(*Les Amours*, 1552).

Enfin il est impossible à un homme du XXe siècle d'ignorer que la renaissance de la poésie au XVIe siècle était indissociable de la renaissance de la musique. Les deux arts avaient été constamment liés depuis toujours. Mais au XVe siècle l'art polyphonique se développe intensément dans les centres de la Flandre (où le jeune Ronsard a séjourné) ; au XVIe siècle une école originale se forme en Italie, qui dominera l'Europe. Palestrina, né en 1525 est le contemporain de la Pléiade. La musique est alors spécialement inventive dans le motet et le madrigal qui mettent en œuvre des textes sacrés et profanes. Clément Janequin et Ronsard sont ensemble les auteurs du *Bel aubépin verdissant*. La création se fait à plusieurs voix, en tous les sens du terme.

3. **Les voix de la conscience.** — A la fin du XVIe siècle en 1580, un livre est imprimé à Bordeaux sous un titre qui inaugure le genre littéraire essentiel des temps modernes : les *Essais* « de Messire Michel, seigneur de Montaigne, chevalier de l'ordre du Roi et gentilhomme ordinaire de sa chambre ». C'était l'œuvre d'un homme de 47 ans, privilégié par la naissance, par l'exercice des fonctions publiques et par le talent littéraire. D'emblée on s'interrogeait : le mot *essai* (inscrit en français au XIIe siècle, issu du latin *exagium* = pesée, essai) devait-il ici être pris au sens du latin *conatus* : tentative modeste, ou au sens du latin *gustus* : épreuve de la nourriture, expérience menée à la lumière des connaissances ? Mais en répondant à la notion la plus profonde, l'ouvrage

inclut la nuance de l'essai modeste. Car Montaigne transmet le cheminement d'une pensée personnelle, qui trouve sa plénitude à la longue, grâce au « commerce des livres » c'est-à-dire à la fréquentation des poètes latins, des historiens et philosophes de l'Antiquité (dans leur version latine : il se dit redevable à Amyot qui traduit en 1559 les *Vies parallèles* de Plutarque), et de quelques « habiles modernes » français et italiens (les chroniqueurs français, Erasme, Juste-Lipse, Machiavel) ; sans compter nombre d'ouvrages mineurs qui ne font pas chez lui matière à citations (parmi les compilations alors à la mode, il semble bien avoir eu en main les *Epitres morales et familières* de l'Espagnol Guevara, traduites en français en 1565). Et s'il s'instruit perpétuellement, ce n'est pas pour s'enfermer dans le monde des livres ; c'est pour éclairer chaque événement de sa vie, survenu soit dans sa bibliothèque surplombant la cour de son château, soit à la mairie de Bordeaux, soit sur les routes d'Europe.

Les chapitres des Essais, dont le texte s'augmente considérablement pour l'édition parisienne de 1588, ensuite dans l'édition posthume de 1595, provoquent par toutes sortes de confrontations imposées par l'écriture, une chaîne de prises de conscience. Le moment décisif de cette aventure est commémoré dans la Préface faite par Montaigne pour la publication des textes de son ami La Boétie, mort à 33 ans.

« Je vous demande, avait dit l'ami en mourant, de vouloir être successeur de ma bibliothèque et de mes livres, que je vous donne, présent bien petit, mais qui part de bon cœur et qui vous est convenable pour l'affection que vous avez aux lettres. Ce vous sera mnêmosunon tui sodalis » [souvenir de ton compagnon d'études. Le mot grec associé aux mots latins dans ces paroles françaises est transcrit par nous dans l'alphabet latin].

Les paroles envolées, Montaigne a écrit son livre.
Les Essais deviennent pour des siècles le bréviaire laïque des lettrés européens : un livre servant de

modèle, et renfermant l'enseignement indispensable aux humanistes. La littérature française retrouve, lorsque Montaigne crée certaines phrases :

« Je fonds et échappe à moi. » « Je n'ai pas plus fait mon livre que mon livre ne m'a fait. » « Parce que c'était lui, parce que c'était moi. » « L'invasion touche tous. La défense, non, que les riches. » « Que sais-je ? »

une position d'universalité, qu'elle ne doit plus au statut des langues sacrées. Le « je », le « moi », expriment en français un sujet qui porte en lui la forme entière de l'humaine condition.

Dans la génération qui succède à celle de Montaigne, les cas de conscience vont être traités sur des scènes de théâtre. Car au début du XVIIe siècle, les jeunes écrivains français se seront approprié les créations de la *tragi-comedia* qui était en train d'illustrer la langue nationale espagnole.

Pierre Corneille, fils d'un maître des Eaux et Forêts, est né à Rouen en 1606. Il fait d'excellentes études au Collège des jésuites de Rouen (tous les degrés des savoirs en grammaire et rhétorique dispensés exclusivement en latin, mais avec des activités parascolaires, des jeux d'apprentissage de la vie mondaine, annexant le théâtre et les langues modernes). Puis il étudie le droit et achète une charge d'avocat qu'il conserve longtemps, sans plaider souvent. A 23 ans il fait jouer à Paris, avec succès, une comédie suivie en 5 ans de 5 autres. Toutes ces comédies rejetaient dans le passé les pastorales et les farces, et représentaient les conversations des gens du monde *(La Place royale)*. C'est ce qu'avait inventé autour de 1600 le théâtre espagnol, beaucoup plus largement ouvert que ne le sera jamais le théâtre français, sur la vie familière, aux rebondissements imprévus, des gens des villes et des palais. Corneille donne à ses comédies une architecture claire, surtout une rigueur de langue, dont sa « tragi-comédie », *Le Cid,* va faire preuve avec l'éclat du génie.

Le roi Louis XIII, fils de Marie de Médicis, avait épousé une princesse espagnole, Anne d'Autriche. Un gentilhomme de la cour avait attiré l'attention de Corneille sur le drame de Guilhem de Castro, *Las mocedades del Cid* (1618, « La jeunesse du Cid »). *Le Cid* est créé à Paris en 1637 ; aussitôt circule la locution « beau comme le Cid ». Corneille écrit, onze ans après, inaugurant en Europe la critique de littérature comparée :
« *Avertissement sur Le Cid* [Corneille cite d'entrée le texte espagnol de la chronique où G. de Castro a trouvé son sujet. La Chronique fait un devoir à Rodrigue d'épouser Chimène ; Castro introduit une lutte entre le devoir et l'amour] [chez Corneille, le devoir est un risque accepté par amour].
« Je vous donne donc ces pièces justificatives de la réputation où elle [Chimène] a vécu sans dessein de justifier la façon dont je l'ai fait parler français. Le temps l'a fait pour moi, et les traductions qu'on en a faites en toutes les langues qui servent aujourd'hui à la scène et chez tous les peuples où l'on voit des théâtres, je veux dire en italien, flamand et anglais, sont d'assez glorieuses apologies [...] [Aristote] a montré quelles passions la tragédie doit exciter. [...] Je serais le premier qui condamnerait *Le Cid* s'il péchait contre les grandes et souveraines maximes de ce philosophe. [...] Quantité de mes amis ayant souhaité que je rendisse compte au public de ce que j'avais emprunté à l'auteur espagnol, [...] vous trouverez tout ce que j'en ai traduit imprimé d'une autre lettre [en italiques] avec un chiffre au commencement, qui servira de marque de renvoi pour trouver les vers espagnols au bas de la même page. Je garderai ce même ordre dans *La mort de Pompée* pour les vers de Lucain. [...] »

Le théâtre français du XVIIe siècle, né du mariage espagnol des lettres françaises, se réclame avant tout de son origine antique, tout comme la poésie lyrique du siècle précédent avait, plus radicalement encore, effacé le mariage italien dans ses proclamations. De même, après Corneille et avec lui, Molière et Racine, l'Académie française et Boileau (et même La Fontaine, qui opérait au niveau des genres « mineurs » dont il sera question plus loin), ont prétendu établir une filiation directe entre les Anciens et leurs propres créations.

Il s'agit de la prétention à l'universalité de la

communication en langue française, qui remonte, on l'a vu, à la fin du Moyen Age. Elle est explicitement liée au développement du vocabulaire, de la syntaxe, ainsi que de la rhétorique des écrivains français. Au début du XVIIe siècle elle est fortement stimulée par une transformation des mœurs et des mentalités européennes. Le souci de l'âme individuelle, du salut personnel, une morale qui tente de se dégager des mots d'ordre religieux, de nouveaux problèmes politiques et sociaux imposent l'actualité des « cas de conscience ». Le « classicisme français » des XVIIe-XVIIIe siècles, forme d'esprit qui prétend allier la raison, la langue et l'art, s'illustrera en les portant sur le théâtre.

De tout temps l'institution des lois s'est accompagnée d'une jurisprudence, donc de la présentation des *cas* concrets dans lesquels elles doivent intervenir. Or l'exposé des cas associe nécessairement la langue officielle et la langue vulgaire.

Au XIIIe siècle des *summae confessorum (instructions pour confesseurs)*, sortes de lexiques, ordonnent les *casus* autour des mots les plus importants : le mot *cas* est inscrit à cette époque en français juridique. Au XVIe siècle des cours de cas de conscience sont dispensés aux futurs prêtres. En 1600 le jésuite Azor compose le premier manuel de la théologie morale en latin *Institutiones Morales*. Mais simultanément (1588), Thérèse d'Avila inaugure en espagnol la littérature moderne autobiographique en écrivant *El libro de su vida (Le livre de la vie)* sur la base des formulaires de confession.

Les subtilités de la morale se développent dans l'aristocratie parisienne où elles sont nourries de solides argumentations, fruit de fortes études et d'expériences mondaines. Les questions de syntaxe et de vocabulaire, la distinction à faire entre le langage noble et le langage bas, prennent dans les conversations l'importance des problèmes politiques et souvent davantage. L'exigence de logique et le souci des précisions, le sentiment de l'honneur des mots, mettent les affaires d'écriture au premier rang de l'actualité. Malherbe, puis Vaugelas élaborent une langue que nous lisons aujourd'hui à livre ouvert, tandis que nous avons besoin de traductions et de gloses pour tous les textes français qui précèdent.

Cette langue française « de la cour et de la ville » va sur le théâtre. Jean-Baptiste Poquelin (1622-1673) né seize ans après Corneille, fils de bourgeois parisien, élève des jésuites, se préparait à devenir avocat l'année du *Cid* (1637) ; il choisit la vie de théâtre, devient Molière directeur de troupe itinérant (spécialement en Languedoc et Roussillon), créateur de *comédies* en langue française, enfin directeur de la Comédie à la cour de Louis XIV. Jean Racine (1639-1699) né deux ans après le *Cid*, élevé à distance critique des jésuites par les jansénistes qui lui donnent une sérieuse connaissance du grec, illustre la Tragédie française pendant que Louis XIV, son contemporain exact, règne à Versailles.

Le *Dom Juan* de Molière (1665) précède de deux ans l'*Andromaque* de Racine (1667). On y saisira l'écriture du « rationalisme propre à l'esprit français » caractéristique, selon Curtius, de l'école classique française :

Scène finale de Don Juan :

Don Juan. — Si le Ciel me donne un avis, il faut qu'il parle un peu plus clairement, s'il veut que je l'entende.

Un Spectre (en femme voilée). — Don Juan n'a plus qu'un moment à pouvoir profiter de la miséricorde du Ciel, et s'il ne se repent ici, sa perte est résolue.

Sganarelle. — Entendez-vous, Monsieur ?

D. Juan. — Qui ose tenir ces paroles ? Je crois connaître cette voix.

Sg. — Ha, Monsieur, c'est un Spectre ; je le reconnais au marcher.

D. Juan. — Spectre, Fantôme, ou Diable, je veux voir ce que c'est. (Le Spectre change de figure et représente le Temps avec sa faux à la main.)

Sg. — O Ciel ! voyez-vous, Monsieur, ce changement de figure ?

D. Juan. — Non, non, rien n'est capable de m'imprimer de la terreur, et je veux éprouver avec mon épée si c'est un corps ou un esprit. (Le Spectre s'envole dans le temps que Don Juan veut le frapper.)

Sg. — Ah, Monsieur, rendez-vous à tant de preuves, et jetez-vous vite dans le repentir.

D. Juan. — Non, non, il ne sera pas dit, quoi qu'il arrive, que je sois capable de me repentir, allons, suis-moi.

La Statue. — Arrêtez, Don Juan, vous m'avez hier donné parole de venir manger avec moi.

D. Juan. — Oui, où faut-il aller ?

La Statue. — Donnez-moi la main.

D. Juan. — La voilà.

La Statue. — Don Juan, l'endurcissement au péché traîne une mort funeste, et les grâces du Ciel que l'on renvoie, ouvrent un chemin à sa foudre.

D. Juan. — O Ciel, que sens-je ? un feu invisible me brûle, je n'en puis plus, et tout mon corps devient un brasier ardent, ah ! (Le tonnerre tombe avec un grand bruit et de grands éclairs sur Don Juan, la terre s'ouvre et l'abîme, et il sort de grands feux de l'endroit où il est tombé.)

Sg. — Ah mes gages ! mes gages ! Voilà par sa mort un chacun satisfait, Ciel offensé, Lois violées, filles séduites, familles déshonorées, parents outragés, femmes mises à mal, maris poussés à bout, tout le monde est content ; il n'y a que moi seul de malheureux. Mes gages, mes gages, mes gages !

Andromaque, I, 4 [l'enfant d'Andromaque est détenu en otage] :

> « Je passais jusqu'aux lieux où l'on garde mon fils.
> Puisqu'une fois le jour vous souffrez que je voie
> Le seul bien qui me reste et d'Hector et de Troie,
> J'allais, Seigneur, pleurer un moment avec lui :
> Je ne l'ai point encore embrassé d'aujourd'hui » (v. 260-265).

4. Pascal. — Il faut mettre Pascal à part, parce qu'il est impossible de le situer selon les catégories des genres littéraires et même des activités sociales. Pascal, chaque fois qu'il a écrit, a exercé pleinement la fonction symbolique de l'écriture. C'est-à-dire qu'il a *fait passer les réalités d'un mode d'existence à un autre, en changeant de signes*. A 12 ans (né dans une maison fréquentée par les plus grands savants et philosophes du siècle), ayant obtenu des démonstrations géométriques du grand Desargues, il rédige en cachette certaines propositions d'Euclide dans un style si personnel qu'on croira qu'il les avait réinventées. Ayant assimilé dès l'enfance ce que les lettres et les sciences avaient de plus traditionnel et de plus novateur, il n'a pas besoin d'aller au collège ; il publie à 16 ans un *Essai sur les coniques* qui lui donne une autorité dans le monde savant. Mais il peut aussi faire passer la théorie dans la technique : à 19 ans (pour aider son père intendant du roi) il invente la première machine à calculer. Il s'intéresse au problème des transports en commun. Ensuite, lancé dans l'aristocratie parisienne, au plus fort des querelles sur la grâce divine et la liberté humaine, il invente la littérature de reportage et d'opinion en écrivant sur les sujets les plus élevés, les plus réservés au latin de la théologie, de petites plaquettes anonymes de 8 à 12 pages intitulées *Lettre écrite à un provincial par un de ses amis sur le sujet des disputes présentes de la Sorbonne*. Il passe de là, sans abandonner ses intérêts scientifiques (le nom de « pascal » a été donné en 1946 à une unité de pression en physique, en raison des travaux de Pascal sur la pression atmosphérique) à la recherche d'un type de discours qui ferait passer les certitudes de la foi chrétienne dans l'imagination d'un incroyant moderne. Dernier paradoxe : ayant traversé deux générations sans leur appartenir (par précocité et par mort prématurée, 1623-1662), il laisse inachevé, sous forme de liasses enfilées sur des ficelles, un grand ouvrage qui deviendra les *Pensées* : un livre dont la signification entre sous la responsabilité créatrice du lecteur.

Les *Pensées* de Pascal, qui disposent souverainement de toutes les ressources de la langue et de la rhétorique, mais qui s'en servent pour viser un but situé au-delà de la communication nationale, appartiennent-elles à l'histoire de la littérature française ? L'homme qui s'est approché au plus près de l'acte d'écrire purement et simplement, a-t-il une signature individuelle ? Les pages de Pascal les plus affirmatives et les plus claires sont aussi celles qui signifient le plus énergiquement la liberté de l'écriture.

« Tous les corps, le firmament, les étoiles, la terre et ses royaumes, ne valent pas le moindre des esprits ; car il connaît tout cela, et soi ; et les corps, rien.

« Tous les corps ensemble, et tous les esprits ensemble, et toutes leurs productions, ne valent pas le moindre mouvement de charité. Cela est d'un ordre infiniment plus élevé.

« De tous les corps ensemble, on ne saurait en faire réussir une petite pensée : cela est impossible, et d'un autre ordre. De tous les corps et esprits, on n'en saurait tirer un mouvement de vraie charité, cela est impossible, d'un autre ordre, surnaturel » (*Pensées*, éd. Brunschwig, 548).

5. **Les lettres des femmes.** — L'Université médiévale avait été un monde régi par le sexe masculin ; mais elle s'était qualifiée elle-même d'*Alma Mater*, à l'image de l'Eglise ; elle avait voué la France à Notre-Dame, et elle avait discuté ouvertement du problème de l'âme de la femme (Eve, née d'une côte d'Adam, est-elle personnellement responsable devant Dieu ?) ; Héloïse avait son monastère en face de celui d'Abélard. L'humanisme du xvie siècle manifeste un changement de mœurs : le sexe féminin perd tout accès aux postes de commande (*Histoire de la Vie privée*, Paris, Le Seuil, 1986, t. III, 417) :

« L'expression "vie privée au féminin" peut paraître paradoxale, tant la femme de ces sociétés semble confinée au foyer. A coup sûr et généralement, elle est exclue des rôles publics et des responsabilités extérieures (politiques, administratives, municipales, corporatives). »

L'humanisme français entretient l'ambiguïté de vocabulaire qui confond sous le terme l' « homme » l'espèce humaine et le sexe masculin. L'idéologie littéraire française (jusqu'à nos jours) attribue aux femmes (lectrices ou écrivaines : pas de mot juste pour les désigner) un rôle analogue à celui des littératures étrangères. On passe sous silence leur existence, ou bien on mentionne leur activité (inspiratrice, imitatrice) à la rubrique des « emprunts ».

Cependant les catégories inférieures d'une société

sont loin d'être inactives. Privées des rôles créateurs par la force des choses, systématiquement ridiculisées dans leurs ambitions par les meilleurs esprits (« femmes savantes » « femmes de lettres »), les femmes ont joué leur rôle dans l'histoire des écritures. Aux « grands siècles » français : xviie, xviiie siècles, les lettres des femmes ne sont pas rien.

Il y a eu naturellement connivence, entente secrète entre les partenaires, avec ce résultat que les genres littéraires mineurs (genre épistolaire, petits ouvrages en prose) ont paru offrir aux femmes le moyen d'exceller. Mme de Sévigné, qui n'avait pas pu aller au collège, mais qui avait suivi dans son château d'enfance les leçons d'un précepteur avec son cousin Bussy-Rabutin (plus tard auteur d'une *Histoire amoureuse des Gaules*, de *Mémoires* et d'une *Correspondance*) écrit les *Lettres de Madame de Sévigné*, référence absolue dans le genre. Mme de la Fayette, amie de Segrais (écrivain alors prestigieux sous le nom duquel elle publie ses premiers écrits) et de La Rochefoucauld, donne *La princesse de Clèves* (1678) modèle du roman psychologique. On s'avisera, deux ou trois siècles après, que les *Lettres* de la princesse palatine, belle-sœur de Louis XIV, ou les *Lettres* de Julie de Lespinasse qui tenait salon sous Louis XV, sont passées à la postérité.

Mais il a fallu pour cela que les genres mineurs eux-mêmes rivalisent avec les grands genres, jusqu'à ce que de nos jours, un auteur de Fables, La Fontaine, soit devenu l'égal d'un auteur de Tragédies ; jusqu'à ce que Voltaire soit reconnu pour ses *Contes* et ses *Lettres*, non pour son théâtre. Cette transformation prend place dans l'évolution des mœurs. Tout ce qui relevait de l' « homme privé » (privé de valeur) dans le monde antique et l'Europe médiévale surgissait en de nouveaux modes de vie, formes de *l'intimité* dans le monde moderne. Le rôle des femmes, maîtresses de maison, dans les changements de l'habitat, du mobilier, du vêtement, de la convivialité, est alors plus qu'important : il est décisif. Il ne faut pourtant pas noyer les innovations d'écriture, qui ont leur autonomie, dans ce phénomène général ni dans le détail des mœurs.

Parmi les aristocrates instruites (élevées au-dessus de la masse analphabète et à part des grands auteurs), certains esprits inventifs ont fait les écritures de couvent et les conversations de salon : deux libres pratiques de l'enfermement. Leur imagination a finalement régénéré les lieux communs de la rhétorique établie.

Les grandes dames de la littérature française après le XVIe siècle, n'ayant pas hérité du latin, ont hérité de l'italien et de l'espagnol.

<small>La Béatrice de Dante, la Laure de Pétrarque aux XIIIe et XIVe siècles, les dames florentines au temps de Botticelli, les princesses de la maison d'Este aux XVIe et XVIIe siècles, animent personnellement le mouvement des arts et des lettres. Elles incarnent en langue moderne le goût des architectures et des jardins.</small>

Dans l'Europe du XVIIe siècle, grands seigneurs, grands négociants et grands artistes mettent sous clef leurs trésors, leurs secrets, leurs documents, dans des meubles (« cabinets », « études »), puis de petites pièces souvent adjointes à leurs lits clos (« ruelles », « alcôves »). Et les épouses font partie intégrante des trésors ainsi réservés (telles les femmes de Barbe-Bleue). C'est là qu'intervient le génie frondeur de Catherine de Vivonne, marquise de Rambouillet, fille d'une Italienne (1588-1665) : elle fait construire près du Louvre le splendide Hôtel de Rambouillet, et elle y installe l'intimité de sa célèbre « Chambre bleue », de sa « ruelle » ; ensuite elle y fait entrer, elle y retient et y fait parler tout ce que Paris compte d'intelligent et d'influent dans le monde des idées. Sans rien publier, elle provoque sans pédantisme, l'organisation de la casuistique amoureuse, l'émergence d'un nouvel homme universel (l' « honnête homme »). Toutes les littératures de Louis XIII, de Louis XIV (dans les cercles de Versailles), de Louis XV (la Pompadour tient alors le salon de « la France »), de Louis XVI, sont nées dans les salons. Les salons de femmes n'ont perdu de leur créativité que par la concurrence que leur ont faite à partir de la fin du XVIIIe siècle les clubs d'hommes anglo-saxons.

La Fontaine, artiste indépendant, a œuvré constamment sous le regard des femmes.

Discours à Mme de La Sablière (fin du Livre IX des Fables) :
« Iris, je vous louerais : il n'est que trop aisé. »
[La F. donne à Mme de La S. ce nom grec de la Messagère des dieux, symbolisée par l'arc-en-ciel.]

> Mais vous avez cent fois notre encens refusé [...]
> D'autres propos [projets] chez vous récompensent [compensent] ce point :
> Propos, agréables commerces [conversations],
> Où le hasard fournit cent matières diverses [...]
> La bagatelle, la science,
> Les chimères, le rien, tout est bon ; je soutiens
> Qu'il faut de tout aux entretiens :
> C'est un parterre où Flore [la déesse des fleurs] épand ses biens
> Sur différentes fleurs l'abeille s'y repose,
> Et fait du miel de toute chose.

La vie de couvent a lieu parallèlement à la vie de salon. Pendant que les garçons sont instruits au collège, les filles reçoivent une éducation au couvent, puis passent dans la maison de leur époux. Elles gardent des attaches avec leur monde d'enfance, parfois y sont réenfermées, parfois choisissent d'y retourner.

Barbe Avrillot, née (1566) dans une grande famille de bourgeois parisiens, mariée à 16 ans avec Pierre Acarie, conseiller du roi, tient à Paris un salon où elle reçoit François de Sales, Benoit de Canfield, Michel de Marillac ; elle aide le cardinal de Bérulle à introduire en France les carmélites réformées par Thérèse d'Avila ; après la mort de son mari elle entre elle-même au Carmel à 47 ans et elle y meurt cinq ans plus tard. Mme de La Sablière finit sa vie au couvent (déçue par l'amour et comblée par la foi, selon Mme de Sévigné), ainsi que Mme de La Fayette (qui se plaint jusqu'au bout de ne pas être touchée par la grâce).

De la grande famille des Arnauld magistrats, universitaires, hommes de cour, viennent la Mère Angélique et la Mère Agnès, abbesses de Port-Royal. Port-Royal où entre Jacqueline Pascal (1652) après avoir été enfant prodige des lettres ; où est instruit Jean Racine.

Dans ces lieux spirituels, les écrits de piété (confessions, méditations) étaient pratiqués avec ferveur. Thérèse d'Avila les avait institués en espagnol, ils circulaient en espagnol et en français, spécialement orientés par la dévotion à Jésus enfant. Sous l'impulsion de la mystique des Carmels, le thème de l'incarnation (Dieu assumant les misères du nouveau-né recréant la grâce divine dans l'enfant) abonde en variantes, s'exprime dans les salons, vient à la mode c'est-à-dire s'ouvre aux fantaisies. En même temps il touche l'entourage du roi. Sous Louis XIV, une femme, mystique de l'esprit d'enfance, Mme Guyon, illumine Fénelon précepteur de l'héritier du trône. Fénelon disciple du « style enfantin » passera à la postérité comme auteur de *Télémaque* plus que pour tout le reste de son œuvre.

Au XVIIIe siècle, les couvents féminins ne seront plus des sources de création littéraire. Mais le conte investi par l'esprit d'enfance sera devenu un genre littéraire français. Charles Perrault publie en 1696 *La Belle au bois dormant*. Mme d'Aulnoy, de réputation européenne autant littéraire que « libertine » [libre-penseuse] écrit les *Contes des fées ou les Fées à la mode* exactement en même temps. L'édition du *Cabinet des fées* qui rassemble les contes des divers auteurs aura 45 volumes en 1785.

Un universitaire d'aujourd'hui, Yvan Loskoutoff, conclut à ce sujet :

« La simplicité de l'Evangile entretenue par le clergé voit s'échapper de son sein une simplicité concurrente, laïque et féminine : celle des contes. Ne nous y trompons pas, si l'abbé de Villiers leur consacre un ouvrage, si Fénelon et l'abbé de Choisy tentent de les moraliser, c'est qu'ils n'y voient pas que de pures bagatelles. [...] Les petits enfants, les petits oiseaux, les petits moutons, les abeilles, les fleurettes, Mme d'Aulnoy les chante autant que saint François de Sales ou que Mme Guyon, un seul détail les sépare : la conteuse a laissé la piété sur le chemin où elle a rencontré les fées. Et si l'on y songe bien, le merveilleux féerique n'est pas ce qu'il y a de plus propre au conte "à la française", il existe déjà dans le roman. Le vrai charme du genre, son attrait original c'est finalement cet air de simplicité qui n'est qu'à l'enfance » (*La sainte et la fée*, Dévotion à l'Enfant Jésus et mode des Contes merveilleux à la fin du règne de Louis XIV, Genève-Paris, Libr. Droz, 1987).

Ajoutons à Loskoutoff que l' « air de simplicité » en littérature n'est pas autre chose qu'un certain style de *simple français*. C'est-à-dire une écriture élaborée sur la base de la langue écrite au plus près de l'exercice de grammaire élémentaire, avec ce qu'il faut de fantasmes de transgression, ce qu'il faut d'expériences de traduction pour incorporer la littérature aux réalités. Par les voies de la grammaire, une page de *La Belle aux cheveux d'or* s'inscrit aujourd'hui sans marque d'infériorité à côté des pages de tragédies ou comédies, autres chefs-d'œuvre de naturel produits au sein du colinguisme classique.

« Avenant [...] tout accablé de tristesse, s'endormit.
« [Son petit chien] Cabriolle, voyant le jour, cabriola tant qu'il l'éveilla, et lui dit : mon maître, habillez-vous, et sortons. Avenant le voulut bien ; il se lève, s'habille et descend dans le jardin, et du jardin il va insensiblement au bord de la rivière, où il se promenait son chapeau sur les yeux et les bras croisés l'un sur l'autre, ne pensant qu'à son départ, quand tout d'un coup il entendit qu'on l'appelait : Avenant, Avenant ! Il regarde de tous côtés et ne voit personne ; il crut rêver. Il continue sa promenade ; on le rappelle : Avenant, Avenant ! Qui m'appelle ? dit-il. Cabriolle, qui était fort petit, et qui regardait de près dans l'eau, lui répliqua : Ne me croyez jamais si ce n'est une carpe dorée que j'aperçois. Aussitôt la grosse carpe paraît, et lui dit : Vous m'avez sauvé la vie dans le pré des Alisiers, où je serais restée sans vous ; je vous promis de vous le revaloir ; tenez, mon cher Avenant, voici la bague de la Belle aux cheveux d'or. Il se baissa et la prit dans la gueule de ma commère la carpe, qu'il remercia mille fois » (Mme d'Aulnoy, *La Belle aux cheveux d'or*, dans *Les Contes des fées*, 1698, rééd. dans les 41 volumes du *Cabinet des*

fées, 1785-1789, rassemblant quantité de contes, œuvres de femmes et de quelques hommes dont Perrault, rééd. dans *Le Cabinet des fées*, 2 vol. de contes choisis par Elisabeth Lemirre, Arles, éd. Philippe Picquier, 1988).

6. L'Europe des Lumières. — La culture européenne s'est nommée elle-même au XVIIIe siècle *l'âge des Lumières* ; anglais *enlightenment* ; allemand *Aufklärung* ; italien *iluminismo* ; espagnol *siglo de las luces* ; portugais *seculo das luzes*. Comme la *république des lettres* dans laquelle il s'est produit, *l'âge* ou *siècle* des *Lumières* traduit et recrée en langues européennes des mots latins enracinés dans la culture générale, différenciés en langues nationales.

L'image de la lumière de la connaissance triomphant des ténèbres de l'ignorance était venue du fond des temps, du fond des religions. Elle exprimait la puissance sacrée des Ecritures, elle était partout présente dans le christianisme. Elle avait fourni une devise aux premiers réformateurs protestants : *post tenebras lux (après les ténèbres, la lumière)*. Les élites européennes du XVIIIe siècle ont repris l'image, mais afin d'introduire une coupure dans l'histoire de l'esprit humain. Selon l'ancienne vision, la lumière de la connaissance était le don de Dieu. Selon la nouvelle foi, qui rend les hommes seuls responsables du progrès humain, ce sont les lumières produites par les travaux des hommes qui feront reculer les ignorances. Une telle foi procède historiquement de la religion du Christ, Homme-Dieu. Mais elle s'oppose radicalement à la tradition ecclésiastique, elle *remet le pouvoir des écritures, par principe, aux laïques en langues vulgaires*.

Du moment qu'ils étaient passés à l'écrit, les langages vulgaires étaient devenus des langues internationales. La communication des connaissances, du XVIe au XVIIIe siècle, s'était faite entre des lettrés colingues, tous instruits en latin, qui correspondaient en français, italien, anglais. La publication des ouvrages scientifiques et philosophiques majeurs en langues vulgaires constituait l'enjeu formidable du régime des pensées créées soit en langue ancienne et sacrée, soit en langues laïques rivales.

En 1632 Galilée avait publié à Florence le *Dialogo supra i due massimi sistemi del Mondo* qui passe pour marquer la naissance de la physique moderne, ouvrant la voie à Newton et à Einstein par sa théorie du mouvement. En 1637, Descartes avait publié à Leyde aux Pays-Bas le *Discours de la méthode pour bien conduire sa raison et chercher la vérité dans les sciences*, en français. En 1656-1657 Pascal avait publié à Paris ses *Lettres écrites à un provincial par un de ses amis sur le sujet des disputes présentes de la Sorbonne* (sur la théologie de la grâce divine et du salut). Les idées générales se développent en langues modernes au XVIIIe siècle. Newton (1642-1727), enseigné et enseignant à Cambridge, publie son œuvre soit en anglais (dans la revue *Philosophical transactions*, en traités : *Optics*, etc.), soit en latin (*Philosophiae naturalis principia mathematica*, 1687), et il est traduit en français par Mme du Châtelet au début du XVIIIe siècle (traduction publiée 1756-1759, rééd. en fac-similé 1966). Leibniz (1646-1716) écrit en latin *(Nova Methodus pro maximis et minimis)*, en allemand (*Vom Nutzen der Vernunftkunst oder Logik*, « Utilité de l'art du raisonnement ou Logique », parmi divers opuscules) et en français (*Nouveaux Essais sur l'entendement humain*, 1704 ; *la Monadologie*, 1714). Il est clair à l'époque que le latin est la langue officielle des grands ouvrages d'enseignement, tandis que l'anglais ou le français sont les langues de la découverte scientifique et philosophique et que l'allemand ne présente pas la même importance.

L'anglais et le français étaient depuis des siècles des langues de communication unitaire en Europe, rivales au sein de la « république des lettres ». Au XVIIIe siècle, lorsque les progrès de l'astronomie, de la physique et des mathématiques menacent l'autorité de la doctrine théologique et tendent à limiter le rôle de la métaphysique, la langue française tend à rivaliser avec le latin dans les domaines de la philosophie et de la morale. Le problème de « l'universalité de la langue française » est mis au concours par l'Académie de Berlin en 1784. La supériorité de la langue française apparaît alors, à ceux qui la reconnaissent, fondée sur les qualités métaphysiques (« logique », « clarté ») que lui attribuent les grammairiens.

De l'autre côté c'est en anglais que se compose la *Cyclopaedia*, dictionnaire universel des arts et des sciences, de Chambers, lancée par souscription en 1728. En 1745 un libraire français (Le Breton), à la suggestion d'un Anglais (John Mills) et d'un Allemand (Sellius) émet le projet de publier une traduction française de cet ouvrage. Débordant la traduction, ce projet deviendra l'entreprise de l'*Encyclopédie*, dictionnaire raisonné des sciences, des arts et des métiers, animée par Diderot et d'Alembert, lancée par souscription en 1745. Tandis que dans les anciens ouvrages destinés à révéler le trésor caché de la Vérité — *Thesaurus* — l'ordre alphabétique n'était qu'une commodité technique, cet ordre formel devient dans les nouveaux *Dictionnaires* un moyen de passer outre aux préjugés, aux dogmes et aux systèmes. On réalise un livre ouvert au vulgaire, ouvert par ses contenus au développement historique des idées, à la distinction des domaines (scientifique, religieux, philosophique) et à la reconnaissance de l'importance des métiers mécaniques dans la vie de l'humanité.

L'encyclopédie française (1746-1772) a eu plus de 160 rédacteurs et comptait 1 000 souscripteurs à la parution de son premier volume en 1751, 4 200 en 1757. Elle a été mieux accueillie dans les milieux européens où prédominait une élite de langue française que dans les milieux européens où prédominaient l'esprit de la Réforme, l'esprit de négoce et la langue anglaise (Pays-Bas, Angleterre, Amérique). Ce sont aujourd'hui les pensées « socialistes » qui s'en réclament.

Les idées novatrices s'incarnent par écrit dans des représentations : Dialogues, Contes, qui recréent les genres littéraires forgés par la culture européenne de source gréco-latine. Le *Dialogo* de Galilée, le *Discours de la méthode* de Descartes, les *Travels into several remote Nations of the World by Lemuel Gulliver* de Swift, mettent en scène un nouvel humanisme. Les personnages individualisés, les épisodes réalistes, authentifiés par leur langue actuelle, se dégagent des doctrines, échappent aux censures, inventent l'écriture d'un lettré moderne.

« ... je serai bien aise de faire voir en ce discours quels sont les chemins que j'ai suivis et d'y représenter ma vie comme en un tableau, afin que chacun en puisse juger... J'ai été nourri aux lettres dès mon enfance... j'étais en l'une des plus célèbres écoles de l'Europe... et même, ne m'étant pas contenté des sciences qu'on nous enseignait, j'avais parcouru tous les livres traitant de celles qu'on estime les plus curieuses et les plus rares qui avaient pu tomber entre mes mains. ... C'est pourquoi, sitôt que l'âge me permit de sortir de la sujétion de mes précepteurs, je quittai entièrement l'étude des lettres... J'étais alors en Allemagne où l'occasion des guerres qui ne sont pas encore finies m'avait appelé, et, comme je retournais du couronnement de l'empereur vers l'armée, le commencement de l'hiver m'arrêta dans un quartier où, ne trouvant aucune conversation qui me divertît, et n'ayant d'ailleurs, par bonheur, aucuns soins ni passions qui me troublassent, je demeurais tout le jour enfermé seul dans un poêle où j'avais tout loisir de m'entretenir de mes pensées... » (Descartes, *Discours de la méthode*, I, II).

Voltaire, âgé de 31 ans, écrivain déjà célèbre, ayant été enfermé à la Bastille par deux fois (onze mois et cinq mois) pour délit d'opinion, passe en Angleterre où il demeure quatre ans (1725-1729). Il s'instruit alors de la langue, des institutions, de la littérature anglaises. Il découvre la poésie de Milton, celle de Shakespeare, les écrits satiriques du moment (les *Voyages de Gulliver* paraissent en 1726). Il s'enthousiasme pour l'œuvre de Newton et pour la médecine anglaise. Il fait de la philosophie dans Bacon, Locke, Shaftesbury, Collins. De retour en France, il invente la pensée et le style qu'on dira *voltairiens*. Pendant qu'il commence le *Siècle de*

Louis XIV, il publie à Londres d'abord en anglais puis en français les *Lettres philosophiques* ou *Lettres anglaises*, et s'installe au château de Cirey chez la traductrice de Newton, Mme du Châtelet. Il vivra plus tard auprès de Frédéric II de Prusse. Il fait enfin bâtir sa propre demeure près de Genève (1755) et de là correspond avec la « république des Lettres » européenne.

Dans le même temps Montesquieu, écrivain réputé (*Les Lettres persanes*, 1721), préoccupé de philosophie politique, fait un voyage documentaire en Europe, surtout en Angleterre (1728-1731), et devient l'auteur de l'*Esprit des lois* (1748).

Jean-Jacques Rousseau, né à Genève (1712) et mort en France (1778), « citoyen de Genève » et auteur de langue française, compose au carrefour des pensées européennes une œuvre qui dénonce les vices de la civilisation et se montre capable d'énoncer les principes d'un nouvel idéal laïque de liberté et d'égalité sociale (*Discours sur l'origine de l'inégalité*, 1755 ; *La Nouvelle Héloïse*, 1761 ; *Le Contrat social* et l'*Emile*, 1762).

La force de ces grands hommes tient à leur insertion dans une société dont les élites étaient, par nature, internationales. Le mot *cosmopolite* avait été écrit en français au XVIe siècle (1560) par la génération d'humanistes qui avait élargi la fonction des langues vulgaires dans le colinguisme. *Cosmopolisme* apparaît en 1739, écrit par les nouveaux « citoyens de l'univers » qui réalisent désormais en langues nationales l'unité de leur ensemble. Ce mot disparaîtra dans le tremblement de terre de la Révolution française ; il n'a pas encore été remplacé pour la désignation des liaisons culturelles linguistiques internationales. Car le mot *cosmopolitisme*, venu au XIXe siècle de la philosophie allemande, ne désigne en langue française qu'un manque de nationalisme.

A l'inverse du cosmopolisme. Car tout homme du XVIIIe siècle en Europe, qui avait des lettres, même s'il ne brillait pas par ses talents au sein de la communauté des hommes instruits, obtenait la maîtrise de sa propre langue nationale par l'initiation en latin et l'ouverture sur une ou deux langues étrangères. Napoléon Bonaparte, né à Ajaccio en 1769, n'avait pas 10 ans et parlait le corse lorsqu'il est admis aux Collèges d'Autun où il apprend le latin et le français, puis de Brienne et de la Flèche où l'allemand et l'italien figuraient au programme. Louis XVI né à Versailles en 1754 reçoit la même formation, moins précoce, en latin-français-langues. Il n'a jamais été considéré comme un personnage intellectuel, et la légende républicaine veut qu'il n'ait aimé que la chasse et le bricolage de serrurerie ; mais le fait est qu'il traduisait à vue, au Conseil, les lettres reçues écrites en anglais, et qu'il a écrit et corrigé de sa main pendant sa détention aux Tuileries une traduction d'un petit ouvrage d'Horace Walpole destiné à défendre la mémoire du roi d'Angleterre Richard III : *Historic Doubts*, or *The life and reign of king Richard the third*.

En France le colinguisme européen se caractérisait à la fois par son aspect universaliste (la langue française héritant des qualités attribuées au modèle latin) et par son aspect aristocratique (la langue française se « purifiant » depuis toujours de ses contacts avec les « bas langages » vulgaires, spécialement depuis que ses grammairiens et son Académie française avaient mission officielle de contrôler la langue « noble » de « la cour » et de « la ville »). Dans les pays de Réforme, l'histoire des langues avait lié tout autrement les parlers vulgaires, l'écriture ; et les dynasties avec leurs élites.

Mais une espérance millénaire dans l'avenir de leurs langues nationales animait tous les lettrés d'Europe contre toutes les sortes d'oppression infligées par le pouvoir autoritaire. Cette espérance soutenait l'idée du « progrès des Lumières » parmi des populations de moins en moins résignées à la rigidité des rangs de naissance, aux entraves à la circulation (des personnes, des idées, de l'argent), au poids des droits féodaux. Depuis l'origine des Etats-nations en Europe, l'esprit d'opposition (à la force établie) et l'esprit d'initiative, trouvaient leurs porte-parole en langues nationales. Et parmi les langues nationales à la fin du XVIII⁰ siècle, la langue française occupait une position avancée de porte-parole d'un rationalisme laïque universaliste. Position davantage conquise par rayonnement intellectuel que par pression économique ou militaire (en cela bien distincte d'un *leadership*).

Chapitre III

LA LIBRE COMMUNICATION

1. Communion et communication. — *Commun* (« pour notre salut commun » Serment des rois de Strasbourg, 842), *communion* (des fidèles chrétiens, poèmes religieux du XIIe siècle, psautiers d'Oxford et Cambridge), *communication* (« régime politique et social », terme forgé par le traducteur d'Aristote sous Charles V, 1369), *libre communication* (art. XI de la *Déclaration des Droits de l'Homme et du Citoyen*, 1789) : ces mots jalonnent en langue française la longue histoire du colinguisme européen.

Pendant neuf cents ans, à partir de l'institution des langues écrites nationales, la *communion* désigne un acte de la vie religieuse ; les fidèles reçoivent la communion, soit en patois, soit en langue du prince, soit — lorsqu'il s'agit du corps du Christ — en latin d'Eglise ; et la *communication*, greffée sur la communion, est le privilège des lettrés, l'affaire intellectuelle des clercs ou laïques. La Révolution française de 1789, si on la caractérise dans le domaine des langues, a décrété l'abolition du privilège des lettrés, radicalisé la rationalité et la laïcité de la communication ; elle a entrepris de recréer la communion, c'est-à-dire l'expérience corporelle mystique du partage des langues, sur la base de nouvelles institutions et de nouvelles mœurs, égalitaires, procédant de la communication.

Tous les députés des Etats généraux convoqués par le roi de France en 1789 avaient en commun la formation linguistique de leur « république des Lettres ». En outre les députés du Tiers Etat comptaient un très grand nombre de juristes (200 avocats sur 578 députés). Ils étaient capables de s'entendre entre eux pour soutenir des positions contradictoires. Depuis des siècles l'étude des auteurs gréco-latins faisait penser l'Etat monarchique et les sujets du roi en termes de *république* et de *citoyens* et donnait des modèles d' « humanités » fortement décalés des réalités vécues. Le fait que des centaines de députés, des milliers de Français, aient pu se trouver aptes à mener la Révolution du jour au lendemain et pendant de longues années agitées, a pu sembler miraculeux (tandis que beaucoup d'historiens estimaient illusoire la suractivité législatrice des Assemblées). On peut cependant penser que le type d'*éloquence* — au sens le plus fort qui est le plus technique : art de persuader par le discours — mis en œuvre par tous les révolutionnaires leur procurait en commun l'art de la discussion, de la contestation, de la traduction, l'art des enquêtes, des rapports et des projets. Enfin et surtout l'exercice de cet art oratoire a entraîné les lettrés partisans du changement à considérer les illettrés comme leur public, donc à faire concurrence aux prédicateurs.

L'originalité de la *Déclaration des Droits de l'Homme et du Citoyen* de 1789 (c'est-à-dire son pouvoir novateur produisant un commencement pour des siècles), par rapport aux réformes et aux « révolutions » précédentes, se définit très précisément par son intervention dans l'appareil des langues. Les hommes qui l'ont rédigée, forts de leurs compétences en écritures, ont été capables d'inventer, comme autrefois les clercs des Serments de Strasbourg, une forme d'écriture destinée à transformer le régime de leur communauté. Ils ont tiré du latin, du français, de l'anglais, des pratiques juridiques, diplomatiques, philosophiques, artistiques, exercées ensemble et strictement distinctes, un nouveau discours exprimant une nouvelle conception de l'universalité : *le français élémentaire* de la future Ecole républicaine.

En effet la *Glorious Revolution* de 1688 et le *Bill of Rights, Loi sur les Droits*, de 1689 tenaient leur importance et leur efficacité de leur insertion dans la langue du Droit anglais.

> Le terme de *Révolution* avait été choisi volontairement par l'entourage des souverains anglais comme étant le plus faible et le plus respectable pour désigner un changement de souverain à l'intérieur de la dynastie régnante et un retour aux traditions britanniques, interrompues par *rebellion, civil war, tyranny* et *Restoration*.

Pareillement la Declaration of Independance américaine de 1786 était essentiellement un acte diplomatique à l'intérieur duquel certains principes éthiques comme l'égalité naturelle des hommes servaient d'arguments. En langue française le mot *révolution* appartenait aux lexiques spécialisés de l'astronomie, de la politique ; les termes de *citoyen* et de *droits de l'homme* apparaissaient dans des contextes particuliers.

La Déclaration française prétend au contraire s'élever au-dessus des transactions gouvernementales. Elle est publiée seule, elle n'est pas incorporée aux Constitutions, elle ne fait pas partie des Lois. Elle ne se confond pas davantage avec les textes de la religion *(Credo in unum Deum et in apostolicam ecclesiam)* bien qu'elle se manifeste au niveau des Commandements de Dieu et qu'elle soit imprimée sous la forme imagée des Tables de la Loi ; ni non plus avec les textes philosophico-littéraires bien que ses rédacteurs soient nourris de leurs formules et arguments (« L'homme est né libre, et partout il est dans les fers » : phrase initiale du *Contrat social* de Jean-Jacques Rousseau).

Déclaration des Droits de l'Homme et du Citoyen

Art. I. — Les hommes naissent et demeurent libres et égaux en droits ; Les distinctions sociales ne peuvent être fondées que sur l'utilité commune.

....

Art. XI. — La libre communication des pensées et des opinions est un des droits les plus précieux de l'homme : tout citoyen peut donc parler, écrire, imprimer librement, sauf à répondre de l'abus de cette liberté dans les cas déterminés par la loi.

Le droit de « libre communication » est à la fois l'aboutissement de la culture des lettrés de l'ancienne Europe (celle des clercs et des princes) et le premier modèle du *français élémentaire* de la future république. Ce français provient des classes élémentaires des anciens collèges dans lesquels il était subordonné à l'acquisition du latin élémentaire privilège des lettrés internationaux. La révolution de la libre communication le transforme en langue commune des citoyens instruits sans discrimination dans la nation française. Dans le colinguisme issu de cette révolution, les éléments du latin et des langues étrangères seront désormais subordonnés en France à l'acquisition du français élémentaire, scolaire et grammatical. Le nouveau régime républicain en France repose sur le *droit de suffrage* (en principe universel) *exercé en langue civile* (le français d'école primaire). Le futur citoyen français se défendra contre les formes diverses d'inégalité et d'oppression en les réduisant par un exercice d'intelligence, en apprenant à écrire de façon commune par la pratique obligatoire, en français, de l'analyse grammaticale et logique.

Régime utopique et réalisable. Utopique à court et moyen terme puisque la Déclaration des Droits se décrète dans un royaume de populations linguistiquement divisées.

Le 13 août 1790 un questionnaire officiel est envoyé dans tous les départements par l'intermédiaire des députés, des sociétés et clubs, des journaux, des personnalités compétentes, relativement « aux patois et aux mœurs de la campagne ».

Question 1. — L'usage de la langue française est-il universel dans votre contrée ? Y parle-t-on un ou plusieurs patois ?

Les 42 questions suivantes concernent ces patois qu'on envisage d' « anéantir » en tant qu'instruments de division (on dirait aujourd'hui apartheid), ou de conserver comme trésor du passé national en les faisant passer à l'écrit, représentatifs des passions populaires.

Le Rapport consécutif fait des expériences vécues un document chiffré : le tiers des Français (env. 6 000 000 sur 20 000 000) parle un langage français, mais un septième (3 000 000) peut écrire, et une part très faible écrit correctement.

Régime réalisable puisque les efforts concurrents de l'opinion publique et de la classe politique ont, par étapes, instauré sur un siècle le suffrage universel et l'instruction publique. Il faudra plus de cent ans pour que le « français correct » des écoles primaires existe comme langue parlée par tous les citoyens français, remplissant une fonction héritière et différente de celle qu'avait exercée le « français de Paris » chez les lettrés des anciens royaumes. Langue de communication qui n'est plus élaborée dans les lieux fermés des collèges, académies, salons, mais dans les espaces ouverts de l'école publique, de la grande presse et du grand public.

Nouvelle institution, nouvelle tension entre l'existence nationale et l'existence internationale de la langue française. Puisque c'est la grammaire qui garantit, au nom de la raison, la légitimité de la langue officielle, c'est donc le français grammatical international en Europe qui est institué obligatoire pour tous les nationaux français, sans considération pour les pratiques langagières des populations françaises. Les langues minorées par l'histoire des rois (en Bretagne, au Pays Basque) n'entrent pas en comparaison avec les langues reconnues partenaires depuis des siècles dans le colinguisme européen ; à plus forte raison les « patois ». C'est seulement à la fin du XXe siècle que des générations de Français ayant conquis la pratique naturelle du français grammatical primaire pourront repenser leurs appartenances culturelles internes et entreprendre de grammatiser en français actuel *le* breton, *le* picard, *le* provençal ou *l'*occitan. Problèmes aujourd'hui à peine formulés : toutes les procédures de l'union et de la division des langues sont mises en question.

Après la Révolution française, la littérature française va continuer à faire preuve d'imagination.

Elle va s'investir, une fois de plus, dans une « renaissance ». Les passions, les idées et les langages français s'inscriront alors en langue civile sous le Nouveau Régime.

2. **Salles de rédaction, salles de classe.** — La Presse et l'Ecole sont les laboratoires de la langue écrite commune en France depuis la Révolution française. Paradoxalement, l'histoire de la littérature française, telle qu'elle est aujourd'hui racontée dans les journaux et les manuels, passe sous silence ce fait essentiel. Sans doute parce que le Nouveau Régime est encore en gestation, mal dégagé des idéologies précédentes. Pourtant, après deux siècles d'instauration de l'instruction publique et de la libre communication, on peut commencer à découvrir la réalité des choses, en survolant largement (sans les oublier) les classifications traditionnelles des textes par « siècles », « auteurs », « genres littéraires », « poésie et prose », etc.

Il convient surtout de survoler les frontières qui séparent l'enseignement de la langue et littérature françaises de celui des langues et littératures « étrangères » ou « anciennes », « vivantes » ou « mortes ». Afin de montrer que la création d'une forme d'expression populaire nationale est, dans notre régime actuel plus que jamais, une entreprise de construction internationale, et un travail d'autant plus savant qu'il est plus vital. L'histoire de la presse et des manuels scolaires français est là-dessus incontournable.

La presse, organe de communication entre les lettrés, est sortie des *presses de l'imprimerie*, produite par la technologie, les capitaux européens, les institutions et la politique internationales. Elle s'est développée d'abord dans les pays de religion réformée et de principautés autonomes en Allemagne, puis en Angleterre et en France.

Après diverses sortes de publications *(relationes* en latin, *almanachs, Zeitungen* et *Messrelationen, occasionnels, canards, libelles* et *placards, gazzetas, corantas)* sont apparus les périodiques : en 1611 le *Mercure français* annuel, mais dès 1597 des mensuels puis des hebdomadaires en Allemagne, à Anvers, et en 1622 le premier *current* à Londres : *Weekly Newes from Italy, Germany, Hungaria, Bohemia, the Palatinate, France and the Low Countries.* En français premières gazettes périodiques en 1631 (la *Gazette* de Théophraste Renaudot), en italien 1636, en espagnol 1661, en russe 1703.

Réservée à un public fermé, contrôlée par les pouvoirs établis, la presse n'a longtemps joué qu'un rôle mineur dans l'orbite du théâtre et du livre. C'est en Angleterre qu'elle a pris part à l'instabilité politique de la *Glorious Revolution* dans la deuxième moitié du XVIIe siècle. Les contraintes gouvernementales, la censure, les taxes, n'ont alors pas empêché les titres ni les tirages d'augmenter, au contraire. En 1771, le Parlement autorise les journaux à rendre compte de ses séances. Les grands journaux et périodiques anglais de type actuel apparaissent.

Genre littéraire associé au développement de la presse, le premier roman feuilleton avait été publié par le *Daily Post* en 1719 : *Robinson Crusoé* par Daniel Defoe. Ce n'est pas par hasard que *Robinson Crusoé*, fiction symbolique des valeurs économiques et morales colonisatrices de la planète, né dans la presse anglaise, a été popularisé par Jean-Jacques Rousseau, citoyen genevois, et par les rénovateurs allemands de la pédagogie (Bahrdt, Basedow, Campe). Dans les pays de la Réforme, l'enseignement de la religion en langue vulgaire écrite, l'éducation des enfants et la transmission des informations utilitaires, avaient produit des publications qui tenaient à la fois des journaux, des livres de contes et historiettes, et des opuscules didactiques. Publications considérables non seulement en quantité (elles forment aujourd'hui la branche la plus porteuse de l'industrie du livre), mais par le réseau de communications qu'elles installent entre les langues et entre les classes sociales. Si la liberté de la presse est née directement de la conquête des libertés politiques, elle est née aussi de l'invention d'une nouvelle écriture européenne, nouvelle façon de *traduire les pensées* pour les faire passer aux enfants et aux autres.

Cette nouvelle écriture recueillait à la fois l'héritage du *plain style* des prédicateurs puritains et de la *simplicité enfantine* des contes de fées à la française. Les femmes, auxquelles la société du temps assignait les rôles d'éducatrice de la petite enfance et de maîtresse de maison chargée des mondanités bourgeoises, étaient, comme écrivains et comme public, à l'avant-garde du mouvement.

A la veille de 1789, une Française, Stéphanie de Genlis, gouvernante des princes d'Orléans (parmi lesquels le futur Louis-Philippe), auteur d'ouvrages éducatifs et de contes *(Veillées du château)*, favorable au progrès des Lumières, passée pendant la Révolution en Angleterre, Suisse, Belgique et Allemagne, est nommée par Bonaparte dame inspectrice des écoles primaires. Elle finit romancière et mémorialiste.

Une Anglaise, Anna-Laetitia Aikin, fille d'un professeur de « Belles-Lettres » traducteur des philosophes français, sœur et amie des savants les plus distingués de son temps, épouse (Barbauld) d'un petit-fils de huguenot français, fils du chapelain de l'électeur de Hesse, elle-même poète et critique littéraire, familière de la France, partisan déclaré de la politique des Droits de l'Homme, invente le premier recueil de *Lessons for Children* (Londres, 1778) pour l'apprentissage de la langue grammaticalisée utilitaire (« Where is the pin ? Here is the pin »), ensuite publie avec son frère directeur du *Monthly Magazine* des récits pour la jeunesse : *Evenings at Home* (1793-1796) (« The morality they inculcate is not that of children merely, but of men and citizens »), et crée une école modèle d'enseignement élémentaire.

Un Français, Arnaud Berquin (1749-1791), élève des jésuites à Bordeaux, devient membre de cette communauté internationale de journalistes pédagogues. Il va et vient en Europe, traduit en français l'italien du théâtre, l'allemand et l'anglais des magazines, fonde le périodique *L'Ami des enfants* (1782). Il adapte les Leçons d'Anna Barbauld *(Bonjour Charles)*, et les publications de beaucoup d'autres. La Révolution proclamée, il est journaliste au *Moniteur*, organe principal de l'information, et s'engage aussi dans la presse d'opinion par *La Bibliothèque des villages*, 10 numéros mensuels, qu'il édite au Bureau de l'Ami des Enfants pour soutenir la ratification de la Constitution et la désignation de l'Assemblée législative.

Au cours de la Révolution française, le journaliste-pédagogue, Arnaud Berquin, dont les « berquinades » étaient imprégnées de sentimentalité pacifique, fournit aux révolutionnaires les plus hardis des modèles de français républicain, qui survivront aux vicissitudes politiques. Quand la Ire République française, renversant le privilège de la grammaire latine, choisit de fonder l'instruction publique sur des *Eléments de grammaire française*, le manuel officiellement recommandé (celui de Lhomond chef-d'œuvre en 1780 de la pédagogie des anciens collèges), difficile à dégager de sa subordination aux *Eléments de grammaire latine* mais déjà en exercice dans les classes élémentaires du nouveau « degré secondaire », et déjà associé dans les mains de la nouvelle bourgeoisie aux magazines éducatifs, va pouvoir aussitôt commencer sa reconversion. Barbauld, Berquin, Pestalozzi, avec quantité d'autres, vont couvrir l'Europe d'un réseau de livres de Lecture courante et d'exercices de rédaction, producteur, par traductions, du nouveau colinguisme. Vers 1880 en France, l'instauration définitive de l'enseignement primaire s'accompagnera de la floraison des manuels de l'ère démocratique.

Les écrits de Berquin sont les seuls textes insérés (pendant plus de cent ans) dans les exercices de classes élémentaires après avoir été composés dans les salles de rédaction des journaux de la Révolution française. Ils le doivent au génie de la phrase simple, expressive au niveau de l'écriture de ce qui symbolise le naturel d'une langue nationale.

Le bonheur de l'habitant des campagnes
M. Rancey, Matthieu

M. Rancey. — Eh bien, Matthieu, comment cela va-t-il ?

Matthieu. — Ah ! Monsieur, faut-il le demander ? cela va toujours mal dans notre état. Le bonheur n'est pas fait pour nous.

M. R. — Et pour qui donc est-il fait, je vous prie ?

M. — C'est bien à vous, Messieurs de la ville, de faire cette question.

M. R. — Vous nous croyez donc plus heureux que vous autres ?

M. — Je voudrais vous voir mener un mois seulement notre vie. Vous verriez bientôt ce que vous auriez à répondre vous-même (A. Berquin, *La Bibliothèque des villages*, août 1790).

Bien noter que la simplicité écrite productrice de l'effet de naturel en français est ici traduite d'une simplicité, d'un effet de naturel équivalents en anglais : M. Ramsay, Matthew, « How are you ? », etc.

Ce type de performance est encore de nos jours l'écriture de référence pour tous les effets de langue et de littérature française ; exemplaire, qu'il s'agisse de rédactions scolaires, de reportages imprimés ou télévisés ; ou qu'il s'agisse de styles artistiques susceptibles de dépasser les règles de la langue instituée afin de prendre en charge des conflits plus foisonnants et plus embrouillés en démocratie qu'en aucun autre régime. Les romans des XIXe et XXe siècles vont créer à partir de ce français de référence les styles représentatifs des générations nouvelles. Car le nouveau naturel en français national exige de nouvelles façons d'écrire exprimant tout ce qui désormais n'est pas naturel en langue française. D'une part de nouveaux *latinismes* allusifs d'un latin désacralisé que sa place dans le nouveau système d'éducation conserve en position dominante. D'autre part de nouveaux *vulgarismes* figurant la nouvelle participation des couches populaires à la libre communication, l'impact des illettrés.

Un déluge de papiers autour de la réunion des Etats généraux a inondé le public français. De 1789 à 1800 plus de 1 350 titres nouveaux de feuilles d'actualités surgissent ; soit, pour onze ans, deux fois plus que pendant les cent cinquante années précédentes. Les mots *journal* et *journaliste* changent de contenu et recouvrent un personnel extérieur aux cercles très fermés du « bon goût » : juristes ordinaires, porte-plume besogneux. L'entrée en scène de cette masse de gens instruits provoque un raz-de-marée de latinismes dans l'expression française. En exhibant partout leur Cicéron et leur Tacite, leur mythologie, les nouveaux citoyens veulent sans doute signifier aux privilégiés de la naissance le nouveau privilège de l'instruction. Ils sont aussi en quête d'un moyen artistique de s'affranchir de l'ancienne universalité de leur latin. Cessant de se conformer à l'idéal du goût classique selon lequel la culture latine, profondément digérée, donne du sens aux pensées françaises, ils cherchent à employer visiblement leur latin ; à le faire servir ; à le mettre à la mode. Ils exhibent un français de version latine au moment où les membres des Assemblées se font faire des costumes à l'antique par les peintres. Un tel flamboiement de pastiches, précisément parce qu'il est une mode, ne durera pas, mais il aura créé une coupure dans l'imagination littéraire.

Désormais le recours ostensible au latin marquera un style « soutenu », héritier des grandiloquences de la chaire et de la tribune. Style de prédication, caractéristique des discours politiques jusqu'à la fin du XXe siècle.

Chateaubriand défend la liberté d'opinion dans le *Mercure de France* de juillet 1807 sous le régime napoléonien :
« Lorsque, dans le silence de l'abjection, l'on n'entend plus retentir que la chaîne de l'esclave et la voix du délateur ; lorsque tout tremble devant le tyran, et qu'il est aussi dangereux d'encourir sa faveur que de mériter sa disgrâce, l'historien paraît, chargé de la vengeance des peuples. C'est en vain que Néron prospère, Tacite est déjà né dans l'empire ; il croît inconnu auprès des cendres de Germanicus, et déjà l'intègre Providence a livré à un enfant obscur la gloire du maître du monde. » [Napo-

léon entre en fureur, supprime le *Mercure* et persécute l'auteur de l'article.]

Emile Zola sort le grand style dans *L'Aurore* du 13 janvier 1898 afin de changer le cours de l'Affaire Dreyfus par sa *Lettre à M. Félix Faure, Président de la République : J'accuse*.

L'*Appel du 18 juin 1940* lancé par le général de Gaulle s'inscrit dans la même tradition.

Inversement les *vulgarismes* introduisent en français républicain la trace d'un peuple qui échappe largement aux lois de l'écriture. Dans les feuilles révolutionnaires les « gros mots » coupent le fil des phrases (d'abord dans les feuilles des aristocrates contre-révolutionnaires, puis avec davantage de talent dans les feuilles des « Enragés » porte-plume des « sans-culottes ») :

« Il faut jurer avec ceux qui jurent, foutre » (*Le Père Duchêne* d'Hébert, 1792).

Les jurons sont les plus grossiers des vulgarismes. Plus subtils sont les mots d'*argot* qui signalent au sein du français national des langages de groupes spécialisés ou exclus et révoltés (V. Hugo en forgera l'idéologie dans un grand chapitre des *Misérables*, 1862, roman prévu pour être un feuilleton). Dans les feuilles des années révolutionnaires le style *poissard*, variété d'argot représentatif du bas peuple des villes intervient au niveau du vocabulaire, intégré au discours par une syntaxe impeccable :

« Moi aussi je sais parler latin ; mais ma langue naturelle est celle de la sans-culotterie [...] Il faut jurer avec ceux qui jurent, foutre. Ma rudesse, quoi qu'on en dise, ne déplaît pas autant que quelques viédazes le prétendent » (cité plus haut).

Phénomène littéraire qui aura de grandes conséquences dans l'écriture des romans, les tournures de langage déjà représentatives de la grossièreté paysanne (« je devons ») sont employées dans les feuilles de droite conjointement aux tournures poissardes, tandis que dans les feuilles de gauche le registre paysan et le registre faubourien sont rigoureusement distincts. Dans la presse révolutionnaire patois et argot ne jouent pas le même rôle.

L'Almanach du Père Gérard écrit en face du *Père Duchesne* :
Le P. Gérard. — N'y a qu'une chose qui m'a un p'tit brin offusqué.
Le P. Duchesne. — Je vous entends. Vous voulez dire mes foutres, mes bougres, les sacredieux et d'autres petites foutaises.
Le P. G. — Juste. En lisant vos colères, vos joies, j'aurions ben voulu n'pas trouver tant d'jurons parmi les bonnes vérités que vous lâchez de temps en temps.
Le P. D. — Que voulez-vous, foutre, c'est une habitude de jeunesse. [...] Après tout, foutre, ce n'est pas pour des demoiselles que je fous mes idées sur le papier (31 octobre 1790).

La dimension internationale de l'appareil des langues écrites est indissociable de la nouvelle dimension sociale. Toute la conception de l'enracinement des langues nationales en tel ou tel pays, toutes les institutions et traditions qui distinguent les divisions linguistiques et les frontières diplomatico-militaires d'une nation, sont remises en question dans les revues et les livres circulant en Europe.

De tout temps les mots *peuple* ou *nation* avaient recouvert des réalités complexes, avaient été des moyens de surmonter des conflits. Ces mots n'avaient de sens réel que s'ils se trouvaient au point de rencontre des langues et langages.

Dans les premières phrases officielles du français et de l'allemand, c'est la conjonction de *poblo* et de *folches* entre eux et avec le latin *populus* qui avait permis aux membres des différentes communautés de se penser ensemble et séparément. Mille ans plus tard lorsque les communautés se réorganiseront, des « littératures populaires » apparaissent légitimes au sein des « littératures nationales ». Leur surgissement a précédé en Europe la Révolution française, la Révolution française leur donne une impulsion au niveau du droit.

Un nouveau travail de traduction va élaborer les contenus des termes *peuple* et *nation*, idiomes, dialectes et patois. Une nouvelle circulation des textes va changer les contacts entre les langues. Toutes les revues européennes auront leurs rubriques d'informations étrangères, publieront des adaptations, des traductions d'ouvrages d'actualité.

En 1796, *Le Moniteur* fondé en 1789 pour communiquer en France des informations sur les affaires extérieures et les débats de l'Assemblée nationale, publie une traduction du *Traité vers la paix perpétuelle* de Kant. Quant aux littératures populaires découvertes d'abord par les lettrés allemands du XVIIIe siècle (adaptateurs-traducteurs de « chants » sud-slaves et néo-helléniques), par les lettrés anglais (Macpherson publie en 1760 les *Fragments of Ancient Poetry collected in the Highlands of Scotland and translated from the Gaelic or Erse language* forgeant le personnage du barde Ossian), travaillées par les frères Grimm, etc., elles vont faire la matière de quantité de publications dans les périodiques du XIXe siècle. Le terme de *folklore* emprunté par l'anglais au vieux saxon est lui-même international ; il passe en français et fournit (1894) l'adjectif *folklorique*.

Les littératures « populaires » ou « régionales » intérieures à la France se sont inscrites ou réécrites par traduction en français et langues internationales.

On constate qu'il est impossible de faire passer mécaniquement les contenus d'un parler dans l'écrit, ou ceux d'un écrit dans une autre langue. C'est précisément la relance des efforts de traduction qui féconde la pensée. Les mots *peuple* et *nation* sont intraduisibles parce qu'ils désignent des réalités historiques autres que celles des populations qui n'ont pas été formées en français national, et en outre ces mots eux-mêmes en langue française ne sont pas clairement définis, mais chargés des contradictions de leur histoire. A tel point qu'on les éclaire en les employant ensemble pour les faire contraster :

« Le peuple breton dans la nation française » ou « la nation bretonne dans le peuple français ». Selon le contexte le contraste permettra de penser avec précision.

Une opération analogue de contraste et de contextes passe entre *peuple* et Volk, people, etc. L'anglais, l'espagnol, l'italien, le grec, le hongrois disposent alors de deux termes comme le français, chacun à leur manière ; l'allemand *Volk* et le russe *narod* n'en ont qu'un. Il existe mille façons de tourner les phrases par écrit afin de se faire entendre.

Chez les Slaves occidentaux, deux cas se présentent selon que les classes dirigeantes sont de même langue que les larges couches de population paysanne (Pologne) ou au contraire (Bohême). En Bohême *národní* et *lidový* sont presque interchangeables, en Pologne, non. Le néerlandais disait *Volkerenbond* « Société des Nations », il dit aujourd'hui *Verenigde Naties* « Nations Unies » (*Des Lumières au Romantisme : littérature populaire et littérature nationale*, Paris, Didier-Erudition, 1985, documents sur *la traduction dans les périodiques*, fin XVIIIe - début XIXe siècles).

Un cas limite de communication par traduction est celui des revues bilingues fournissant à Prague à partir de 1827 deux versions jumelles, tchèque et allemande, d'informations scientifiques et littéraires. La non-traduction s'adresse là bien évidemment à un public capable de traduire.

Le XXIe siècle en verra d'autres !

3. **Les romans.** — Dès la fin du XVIIIe siècle mais surtout au début du XIXe après les années révolutionnaires, un nouvel emploi du mot *roman* apparaît en Europe. Désormais ce mot désignera le genre littéraire prépondérant en quantité et en qualité parmi les œuvres de fiction, jusqu'à nos jours où les romans sont concurrencés mais non détrônés par les films de cinéma et télévision.

A l'époque de la naissance des langues européennes tout écrit de langue romane se produit à l'intérieur de l'écriture et de la pensée latines. C'est d'abord en vers rivalisant avec la poésie latine de l'époque et sur des sujets antiques que de longs récits en langue française portent le nom de *romans* au XIIe siècle (*Le roman d'Alexandre*) ; ils contrastent par la fantaisie de leurs intrigues et de leurs histoires d'amour avec le genre des *chansons de geste* précédemment créé en langue française pour concurrencer l'historiographie latine des maisons royales et princières. Bientôt composés en prose les romans sont exotiques, laïques, contestataires (*Le roman de Tristan, Aucassin et Nicolette, Le roman de la rose*). Pendant la Renaissance du XVIe siècle, les romans se multiplient dans les grandes langues nationales. Sur l'italien *romanesco* le français décalque alors le nom et adjectif *romanesque* désignant une attitude sentimentale

85

aventureuse. Au cours de trois siècles, l'espagnol *romance* (qui avait été emprunté au provençal *romans*) fournit au français le mot *romance*. Le mot anglais *romantic* forgé en langue anglaise (qui nommait *romance* les récits, nés romans, en langue anglaise) s'écrit en français *romantique* lorsque les récits anglais imposent leur folklore et leurs visions rêveuses. Le même français *romantique* traduira l'allemand *romantisch* lorsque la langue et la littérature allemandes introduiront ce mot en un sens original à la fin du XVIIIe siècle. A cette époque la langue littéraire anglaise se met à nommer *novel* son nouveau roman. Le français redonne alors de la vigueur à son terme de *nouvelle* (roman condensé) qui venait, comme l'italien *novella*, comme l'anglais *novel*, des relations latines *novella*, actualités frappantes dans la littérature médiévale.

Romans ou *nouvelles*, *romanesque*, *romantisme* : autant de termes marquant à la fois la communauté et la singularité nationale des romans à notre époque. En deux cents ans une immense production de feuilletons et de livres : la conscience des hommes a forgé comme le souhaitait Grégoire à la Convention « un nouveau dictionnaire, une nouvelle grammaire ». Cela par transformation des modèles littéraires : les chefs-d'œuvre anglais et allemands surclassent les œuvres gréco-latines dans l'imagination de langue française. Lorsque paraît, en 1774, le roman de Goethe *Die Leiden des jungen Werthers*, l'enthousiasme soulevé en Europe ne s'explique pas seulement par le charme d'une intrigue sentimentale proche de celui de *La Nouvelle Héloïse* (1761), mais aussi, peut être surtout, par le charme d'une découverte : la littérature moderne allemande, pleine d'avenir.

Le nationalisme reçoit une impulsion décisive de la Révolution française. En 1800 sort à Paris un livre dont le titre était à lui seul un trait de génie, faisant coupure avec l'*Art poétique* d'Ancien Régime et faisant programme pour les hommes issus de la Révolution : *De la littérature considérée dans ses rapports avec les institutions sociales*. Ouvrage complété par un autre essai de critique littéraire dont le titre, retentissant lui aussi, indiquait une nouvelle source de pensée : *De l'Allemagne*. Leur auteur, Germaine Necker, baronne de Staël-Holstein (1766-1817, illustrant le mouvement des idées en Europe aussi bien par sa vie privée et par ses romans que par ses théories) déclarait :

> « Le célèbre métaphysicien allemand Kant [mort en 1800] en examinant la cause du plaisir que font éprouver l'éloquence, les beaux-arts, tous les chefs-d'œuvre de l'imagination, dit que ce plaisir tient au besoin de reculer les limites de la destinée humaine : ces limites qui resserrent si douloureusement notre cœur, une émotion vague, un sentiment élevé les fait oublier pendant quelques instants ; l'âme se complaît dans le sentiment inexprimable que produit en elle ce qui est noble et beau, et les bornes de la terre disparaissent quand la carrière immense du génie et de la vérité s'ouvre à nos yeux : en effet, l'homme supérieur ou l'homme sensible se soumet avec effort aux lois de la vie, et l'imagination mélancolique rend heureux un moment en faisant rêver l'infini » (*De la Litt.*, II, 5).

Les « limites de la destinée », les « bornes de la terre », les « lois de la vie » : ces termes aujourd'hui désuets désignent alors l'existence de l'individu en société. L' « âme » isolait ou incorporait le héros de roman dans une famille, une patrie, une langue, une classe d'intérêts.

> « La littérature romantique ou chevaleresque est chez nous indigène, et c'est notre religion et nos institutions qui l'ont fait éclore. [...] Les poésies d'après l'antique, quelque parfaites qu'elles soient, sont rarement populaires parce qu'elles ne tiennent, dans le temps actuel, à rien de national. [...] Nos poètes français sont admirés par tout ce qu'il y a d'esprits cultivés chez nous et dans le reste de l'Europe ; mais ils sont tout à fait inconnus aux gens du peuple et aux bourgeois mêmes des villes, parce que les arts en France ne sont pas, comme ailleurs, natifs du pays même où leurs beautés se développent » (*De l'All.*, II, 11). [Staël cite en exemple l'Espagne, le Portugal, l'Angleterre et l'Allemagne, pays où la langue nationale littéraire serait mieux enracinée dans le peuple.]

Les nouveaux sujets seront « Julien Sorel » ou « les paysans » ; et les nouvelles fictions incarneront les sujets dans de nouvelles mises en œuvre — nouveaux styles — des formes du discours.

La littérature anglaise et la littérature allemande fournissent à la littérature française l'exemple de styles dans lesquels le vocabulaire ne souffre pas d'interdits aussi contraignants que le vocabulaire du français classique. Voltaire avait adapté en français le drame shakespearien en mettant sur la scène française un peu plus de mouvement et de décors mais en expurgeant le « mauvais goût » des libertés de langue. Au contraire les Romantiques vont prendre pour modèle l'aspect national de l'œuvre de Shakespeare et la fusion de matériaux linguistiques réalisée par son écriture.

« C'est à la suite des représentations d'*Othello* par une troupe anglaise à Paris que Stendhal écrit son *Racine et Shakespeare* et s'écrie : "Il nous faut désormais un théâtre à nous." Victor Hugo l'idolâtre et le mythifie. Il force son fils François à entreprendre la traduction de ses œuvres complètes pour laquelle il écrira son essai tonitruant. Depuis, Shakespeare fait partie de la conscience française au même titre que nos propres dramaturges [...] Qui n'a pas son Shakespeare passe pour un illettré. [...]

« La langue [de Shakespeare] est d'une richesse inouïe. Seul Victor Hugo chez nous pourrait rivaliser avec cette opulence. Shakespeare drague près de quinze mille mots dans ses filets. Il les puise dans tous les domaines linguistiques : fonds commun hérité de la prose latine et du parler populaire, dialectes ruraux et provinciaux, jargon des métiers, de l'art militaire, de la navigation, de la jurisprudence, des théologiens, préciosités des courtisans et des poètes, truculences de la pègre, vocabulaire des sciences exactes ou inexactes de son temps, astronomie, médecine, alchimie, botanique, que sais-je ? Locutions étrangères — il y a même une scène entière en français ! Chaque personnage parle, suivant sa condition, un langage réaliste ou stylisé, et qui, même s'il est hautement formalisé, garde le ton, l'allure, le timbre du langage parlé, *the spoken word*. C'est là un des traits essentiels : le naturel de la communication » (Henri Fluchère, art. Shakespeare, dans l'*Encyclopaedia Universalis*, Paris, 1980 s.).

L'analyse du style de Shakespeare faite dans une encyclopédie actuelle de langue française peut s'appliquer littéralement aux créations des romanciers français d'après la Révolution (comme les beautés reconnues dans Sophocle et Virgile avaient modelé la littérature française antérieure). Pareillement l'œuvre de Goethe fait partie intégrante de la littérature française. En 1808 paraît *Faust, Eine Tragödie*, aussitôt salué et traduit en France ; réédité en 1828 avec les illustrations de Delacroix (selon Hugo « le *Faust* des deux grands poètes : Goethe et Delacroix »), et retraduit par un lycéen de 19 ans « Gérard » (qui signera plus tard Gérard de Nerval).

« Le style de Gérard était une lampe qui apportait la lumière dans les ténèbres de la pensée et du mot. Avec lui l'allemand, sans rien perdre de sa couleur ni de sa profondeur, devenait français par sa clarté », écrit alors Théophile Gautier.
En 1830 le vieux Goethe, feuilletant la traduction de Gérard déclare : « Je ne puis plus lire *Faust* en allemand, mais dans cette version française, tout reprend sa fraîcheur, sa nouveauté, son esprit » (*Entretiens de Goethe avec Eckermann*, 3 janvier 1830).
Berlioz, ouvrant la traduction qui vient de paraître, est « fasciné », ne quitte plus le livre, compose pendant les mois suivants *Huit scènes* (qu'il envoie à Goethe), noyau de *La damnation de Faust* (1846).

Il se trouve que ce sont des *Drames* de littérature étrangère qui provoquent la renaissance du roman français. Il était en effet impossible de transformer de l'intérieur le théâtre classique français sans détruire sa perfection. D'autre part le nouveau régime de la Presse et de l'Ecole allait faire du roman la forme expérimentale de la représentation littéraire : un produit lancé par l'industrie du livre dans la circulation générale, mais créé et consommé individuellement, devenant propriété personnelle de son auteur et de son lecteur.

Les romans qui naissent en français au XIXe siècle, sans rien perdre des techniques héritées du passé (la littérature antérieure à celle du « Grand siècle » est ressuscitée par le nouvel humanisme national) rivalisent d'inspiration philosophique et de fécondité stylistique avec les drames shakespeariens ou goethéens, et du même coup avec la poésie épique européenne. Balzac vers 1840, en pleine maturité créatrice, comprend que l'ensemble déjà immense de fictions et d'essais qu'il était en train de construire, et de faire converger à titre de « Scènes » ou d' « Etudes » de la vie sociale, peut atteindre à l'unité d'une œuvre qu'il décide d'intituler *La Comédie humaine* afin de renouveler la représentation artistique des réalités au niveau où Dante avait élevé la vision du monde.

> « Comment rendre intéressant le drame à trois ou quatre mille personnages que présente une Société ? comment plaire à la fois au poète, au philosophe et aux masses qui veulent la poésie et la philosophie sous de saisissantes images ? [...] [il fallait] relier les compositions l'une à l'autre de manière à coordonner une histoire complète, dont chaque chapitre eût été un roman, et chaque roman une époque. [...] Un écrivain pouvait devenir [...] le conteur des drames de la vie intime, l'archéologue du mobilier social, le nomenclateur des professions, l'enregistreur du bien et du mal [...]. Ainsi dépeinte, la Société devait porter avec elle la raison de son mouvement » (Avant-Propos de *La Comédie humaine*, 1842).

Cet *Avant-Propos de la Comédie humaine* est lui-même précédé d'un *Prospectus*, pièce indispensable à l'édition d'une grande œuvre romanesque en régime capitaliste :

> « A l'aide d'un caractère nouveau, fondu exprès et parfaitement lisible, quoique compact, il nous a été possible de renfermer les 120 volumes in-8° [de l'œuvre de M. de Balzac] du prix de 7 f. 50 cent. chacun, en 16 volumes du même format et du prix de 5 f. seulement : c'est-à-dire qu'il ne sera guère plus coûteux d'acheter les œuvres de M. de Balzac qu'il ne l'a été jusqu'à présent de les lire, en les louant volume par volume dans les cabinets de lecture.
> « A l'attrait d'un bon marché véritablement inouï en librairie [...] nous avons joint l'attrait d'une collection de vignettes qui renfermera les portraits et les types des principaux personnages des romans [...]. »

Il est difficile de citer une page isolée en exemple du roman français créé de la sorte sans défigurer cette création, parce que chez Balzac le texte n'existe pas vraiment s'il est extrait de ses contextes, de ses échos interminablement répercutés : emploi des mots écrits symboliques des réalités sociales, physionomie des personnages récurrents d'un épisode à un autre, philosophie variable selon les romans ou groupes de romans (les relations étant si peu mécaniques que le plan d'ensemble de *La Comédie humaine* et la répartition des romans entre ses différentes branches n'a jamais pu être fixé ni par Balzac ni par ses éditeurs). Bien plus, les œuvres balzaciennes, appartenant à une forme d'art qui refuse la clôture, sont inséparables des œuvres hugoliennes, stendhaliennes, etc., et finalement de toute la production réaliste, naturaliste, surréaliste, etc., qui fournissent ensemble une espèce de contrepoint trouble aux multiples expériences vécues. Voici pourtant un extrait de la fin de *Splendeurs et misères des courtisanes* où les esprits les plus cultivés voient émerger un chef-d'œuvre, et qui permet de saisir intuitivement l'originalité du roman français en face des littératures (celles de *Hamlet* ou de *Faust*) qui entrent dans sa parenté.

« Voici le plan que sa faculté d'invention suggéra rapidement à Lucien pour consommer son suicide. Si la hotte appliquée à la baie ôtait à Lucien la vue du préau, cette hotte empêchait également les surveillants de voir ce qui se passait dans sa cellule ; or, si dans la partie inférieure de la fenêtre les vitres avaient été remplacées par de fortes planches, la partie supérieure conservait, dans chaque moitié, de petites vitres séparées et maintenues par les traverses qui les encadrent. En montant sur sa table Lucien pouvait atteindre à la partie vitrée de sa fenêtre, en détacher deux verres ou les casser, de manière à trouver dans le coin de la première traverse un point d'appui solide. Il se proposait d'y passer sa cravate, de faire sur lui-même une révolution pour la serrer autour de son cou, après l'avoir bien nouée, et de repousser la table loin de lui d'un coup de pied.

« Donc, il approcha la table de la fenêtre sans faire de bruit, il quitta sa redingote et son gilet, puis il monta sur la table sans aucune hésitation pour trouer la vitre au-dessus et celle au-dessous du premier bâton. Quand il fut sur la table, il put alors jeter les yeux sur le préau, spectacle magique qu'il entrevit pour la première fois. Le directeur de la conciergerie, ayant reçu de M. Camusot la recommandation d'agir avec les plus grands égards avec Lucien, l'avait fait conduire, comme on l'a vu, par les communications intérieures de la conciergerie dont l'entrée est dans le souterrain obscur qui fait face à la tour d'Argent, en évitant ainsi de montrer un jeune homme élégant à la foule des accusés qui se promènent dans le préau. On va juger si l'aspect de ce promenoir est de nature à saisir vivement une âme de poète.

« Le préau de la conciergerie est borné sur le quai par la tour d'Argent et par la tour Bonbec ; or, l'espace qui les sépare indique parfaitement au-dehors la largeur du préau. La galerie, dite de Saint Louis, qui mène de la galerie marchande à la Cour de cassation et à la tour Bonbec où se trouve encore, dit-on, le cabinet de Saint Louis, peut donner aux curieux la mesure de la longueur du préau, car elle en répète la dimension. Les secrets et les pistoles se trouvent donc sous la galerie marchande. Aussi la reine Marie-Antoinette, dont le cachot est sous les secrets actuels, était-elle conduite au tribunal révolutionnaire, qui tenait ses séances dans le local de l'audience solennelle de la Cour de cassation, par un escalier formidable pratiqué dans l'épaisseur des murs qui soutiennent la galerie marchande et aujourd'hui condamné. L'un des côtés du préau, celui dont le premier étage est occupé par la galerie de Saint Louis, présente aux regards une enfilade de colonnes gothiques entre lesquelles les architectes de je ne sais quelle époque ont pratiqué deux étages de cabanons pour loger le plus d'accusés possibles, en empâtant de plâtre, de grilles et de scellements les chapiteaux, les ogives et les fûts de cette galerie magnifique. Sous le cabinet, dit de Saint Louis, dans la tour Bonbec, tourne un escalier en colimaçon qui mène à ces cabanons. Cette prostitution des plus grands souvenirs de la France est d'un effet hideux.

« A la hauteur où Lucien se trouvait, son regard prenait en écharpe cette galerie et les détails du corps de logis qui réunit la tour d'Argent à la tour Bonbec, il voyait les toits pointus des deux tours. Il resta tout ébahi, son suicide fut retardé par son admiration. Aujourd'hui les phénomènes de l'hallucination sont si bien admis par la médecine, que ce mirage de nos sens, cette étrange faculté de notre esprit n'est plus contestable. L'homme, sous la pression d'un sentiment arrivé au point d'être une monomanie à cause de son intensité, se trouve souvent dans la situation où le plongent l'opium, le haschisch et le protoxyde d'azote. Alors apparaissent les spectres, les fantômes, alors les rêves prennent du corps, les choses détruites revivent alors dans leurs conditions premières. Ce qui dans le cerveau n'était qu'une idée devient une créature animée ou une création vivante. La science en est à croire aujourd'hui que, sous l'effort des passions à leur paroxysme le cerveau s'injecte de sang, et que cette congestion produit les jeux effrayants du rêve dans l'état de veille, tant on répugne à considérer (voyez Louis Lambert, *Etudes philosophiques*) la pensée comme une force vive et génératrice. Lucien vit le Palais dans toute sa beauté primitive. La colonnade fut svelte, jeune, fraîche. La demeure de Saint Louis reparut telle qu'elle fut, il en admirait les proportions babyloniennes et les fantaisies orientales. Il accepta cette vue sublime comme un poétique adieu de la création civilisée. En prenant ses mesures pour mourir, il se demandait comment cette merveille existait inconnue dans Paris. Il était deux Lucien, un Lucien poète en promenade dans le Moyen Age, sous les arcades et sous les tourelles de Saint Louis, et un Lucien apprêtant son suicide. »

Le pouvoir hallucinatoire du roman de Balzac tient au fait que la profusion des connaissances et des figures de pensée s'y écoule en langue française par un flot qui transporte les phrases prises aux différents niveaux de langage spécifiques des activités sociales : constats policiers, manuels d'architecture, traités de médecine ou articles de journal, mêlés dans les pages qu'on vient de lire au ton de la bonne compagnie, tandis qu'en d'autres pages ce sont les effets d'incompatibilité qui dominent (par exemple lorsque les paysans besogneux ennemis des grands propriétaires sont symbolisés par l'inclusion, dans leurs paroles fictives, de mots empruntés aux tournures poissardes des pamphlets révolutionnaires). L'arsenal des tournures langagières et scripturaires devient opérationnel dès lors qu'une phrase de français élémentaire énonciatrice institutionnelle des réalités dans la France actuelle enclenche le dispositif :

« Son suicide fut retardé par son admiration. »

Balzac ambitionnait de « faire concurrence à l'état civil » par les multiples personnages de *La Comédie humaine*. Stendhal, lui, désirait « écrire comme le Code civil », organisant sa fiction, contrairement à Balzac, par une mise en scène ostentatoire de la phrase simple ; à partir de quoi mille et une façons de s'exprimer, mille et une façons de vivre sont à lire entre les lignes.

« Le mauvais air du cachot devenait insupportable à Julien. Par bonheur, le jour où on lui annonça qu'il fallait mourir, un beau soleil réjouissait la nature, et Julien était en veine de courage. Marcher au grand air fut pour lui une sensation délicieuse, comme la promenade à terre pour le navigateur qui longtemps a été à la mer. Allons, tout va bien, se dit-il, je ne manque point de courage.

« Jamais cette tête n'avait été aussi poétique qu'au moment où elle allait tomber. Les plus doux moments qu'il avait trouvés jadis dans les bois de Vergy revenaient en foule à sa pensée et avec une extrême énergie.

« Tout se passa simplement, convenablement, et de sa part sans aucune affectation » (fin du roman *Le Rouge et le Noir*, dédié à la dernière page « To the happy few »).

Balzac et Stendhal sont les deux pôles de la création littéraire en France au XIXe siècle parce que le roman est alors à la pointe de l'invention stylistique. Le génie de Victor Hugo s'est placé au-dessus de tous les genres d'écriture et constitue une école littéraire à lui seul (renouvelant l'idée de poésie, voir le chapitre suivant). Cependant l'histoire de la littérature française telle qu'elle est enseignée de nos jours relègue certains textes au bas de l'échelle des genres, romans destinés aux « bibliothèques des gares » ou « à la jeunesse » ; elle refuse à certains écrivains l'entrée au club très fermé des auteurs classiques. Elle le fait d'autorité, traitant par le silence l'existence des exclus, donc les motifs de la sélection. Dumas, Sue, Ségur, Verne font pâle figure dans les manuels — quand ils figurent — à côté de Balzac, Flaubert, Zola.

Il existe ainsi des romans qui ont été lus par tous les Français, qui sont des best-sellers depuis plus d'un siècle sur la planète, et qui sont réputés non littéraires. A ne pas confondre avec des œuvres « mineures », comme sont celles des Goncourt auxquelles le *Lagarde et Michard XIXe siècle* accorde 6 pages en soulignant leur « manque de naturel ». Mais le manuel enseigne que les Goncourt ont été « des artistes raffinés ». Au contraire, c'est l'effet de naturel et l'absence de préciosité des *Trois mousquetaires* ou de *L'Ile mystérieuse* qui permettent de passer toute une branche de la littérature française sous silence. Les raffinements caractéristiques d'une formation d'établissements du second degré, surestimés d'autorité par ceux qui restent même en République des privilégiés des langues, sont reconnus artistiques, tandis que les productions qui ont historiquement donné naissance à une langue de culture commune primaire ne sont salués que par la masse des scolarisés lecteurs privés de porte-parole, ou par des lettrés contestataires. En réalité une longue lignée de textes composés de l'intérieur de la Presse et de l'Ecole, appareils spécifiques de la démocratie, ont rempli une fonction littéraire depuis la Déclaration du droit de libre communication. Les romans « éducatifs », les « contes », les « historiettes » signés Berquin, Jussieu, Jules Verne, adaptés ou traduits de Perrault, Grimm et Kipling, ont au XIXe et encore au XXe siècle, transformé le style de lecture courante issu des classes élémentaires du second degré en style de lecture-écriture obligatoire au premier degré. Dans la première moitié du XIXe siècle, les romans-feuilletons des journaux ont capté l'audience du grand public de telle manière que leurs auteurs ont été les arbitres de l'existence des grands organes d'information et d'opinion au moment stratégique de la mutation industrielle de la Presse. En deux cents ans certains auteurs tel Alexandre Dumas, ont jeté un pont entre l'exigence de simplicité et de naturel résultat de plusieurs siècles de littérature sous l'ancienne « république des Lettres », et l'exigence de lisibilité, l'exigence de simple communication, en train de s'élaborer. Opinion de Victor Hugo : « Dumas est plus qu'européen, il est universel. »

Dumas est un « nom de guerre » qu'avait pris le fils naturel d'un riche colon de Saint-Domingue (le marquis de la Pailleterie) pour s'engager dans les dragons de la reine ; de ce soldat devenu général sous la République, et d'une esclave noire, est né le plus grand feuilletoniste français. Alexandre Dumas (1802-1870), après des études dites médiocres était clerc de notaire à 14 ans. Walter Scott, Schiller et Shakespeare déclenchent en lui une vocation d'écrivain. La grande presse fait sa fortune.

« D'Artagnan, selon les lois du duel de cette époque, pouvait secourir quelqu'un ; pendant qu'il cherchait du regard celui de ses compagnons qui avait besoin de son aide, il surprit un coup d'œil d'Athos. Ce coup d'œil était d'une éloquence sublime. Athos serait mort plutôt que d'appeler au secours ; mais il pouvait regarder, et du regard demander un appui. D'Artagnan le devina, fit un bond terrible, et tomba sur le flanc de Cahusac en criant :

— A moi, monsieur le garde, je vous tue !

« Cahusac se retourna ; il était temps. Athos, que son extrême courage soutenait seul, tomba sur un genou.

— Sangdieu ! criait-il à d'Artagnan, ne le tuez pas, jeune homme, je vous en prie ; j'ai une vieille affaire à terminer avec lui, quand je serai guéri et bien portant. Désarmez-le seulement, liez-lui l'épée. C'est cela. Bien ! très bien !

« Cette exclamation était arrachée à Athos par l'épée de Cahusac, qui sautait à vingt pas de lui. D'Artagnan et Cahusac s'élancèrent ensemble, l'un pour la ressaisir, l'autre pour s'en emparer ; mais d'Artagnan, plus leste, arriva le premier et mit le pied dessus.

« Cahusac courut à celui des gardes qu'avait tué Aramis, s'empara de sa rapière, et voulut revenir à d'Artagnan ; mais sur son chemin il rencontra Athos, qui, pendant cette halte d'un instant que lui avait procurée d'Artagnan, avait repris haleine, et qui, de crainte que d'Artagnan ne lui tuât son ennemi, voulait recommencer le combat.

« D'Artagnan comprit que ce serait désobliger Athos que de ne pas le laisser faire. En effet, quelques secondes après, Cahusac tomba la gorge traversée d'un coup d'épée.

« Au même instant Aramis appuyait son épée contre la poitrine de son adversaire renversé, et le forçait à demander merci.

« Restaient Porthos et Bicarat. Porthos faisait mille fanfaronnades, demandant à Bicarat quelle heure il pouvait bien être, et lui faisait ses compliments sur la compagnie que venait d'obtenir son frère dans le régiment de Navarre ; mais tout en raillant, il ne gagnait rien. Bicarat était un de ces hommes de fer qui ne tombent que morts.

« Cependant il fallait en finir. Le guet pouvait arriver et prendre tous les combattants blessés ou non, royalistes ou cardinalistes. Athos, Aramis et d'Artagnan entourèrent Bicarat et le sommèrent de se rendre. Quoique seul contre tous, et avec un coup d'épée qui lui traversait la cuisse, Bicarat voulait tenir ; mais Jussac, qui s'était relevé sur son coude, lui cria de se rendre. Bicarat était un Gascon comme d'Artagnan ; il fit la sourde oreille et se contenta de rire, et entre deux parades, trouvant le temps de désigner, du bout de son épée, une place à terre :

— Ici, dit-il, parodiant un verset de la Bible, ici mourra Bicarat, seul de ceux qui sont avec lui.

— Mais ils sont quatre contre toi ; finis-en, je te l'ordonne.

— Ah ! si tu l'ordonnes, c'est autre chose, dit Bicarat ; comme tu es mon brigadier, je dois obéir.

« Et, en faisant un bond en arrière, il cassa son épée sur son genou pour ne pas la rendre, en jeta les morceaux par-dessus les murs du couvent et se croisa les bras en sifflant un air cardinaliste.

« La bravoure est toujours respectée, même dans un ennemi. Les mousquetaires saluèrent Bicarat de leurs épées et les remirent au fourreau. D'Artagnan en fit autant, puis aidé de Bicarat, le seul qui fût resté debout, il porta sous le porche du couvent Jussac, Cahusac et celui des adversaires d'Aramis qui n'était que blessé. Le quatrième, comme nous l'avons dit, était mort. Puis ils sonnèrent la cloche, et, emportant quatre épées sur cinq, ils s'acheminèrent ivres de joie vers l'hôtel de M. de Tréville.

« On les voyait entrelacés, tenant toute la largeur de la rue, et accostant chaque mousquetaire qu'ils rencontraient, si bien qu'à la fin ce fut une marche triomphale. Le cœur de d'Artagnan nageait dans l'ivresse, il marchait entre Athos et Porthos en les étreignant tendrement.

— Si je ne suis pas encore mousquetaire, dit-il à ses nouveaux amis en franchissant la porte de l'hôtel de M. de Tréville, au moins me voilà reçu apprenti, n'est-ce pas ? » (*Les Tr. M.*, t. I, chap. 5, fin).

Il n'a pas fallu « moins » de génie pour créer ce style de *narration en simple français* qu'il n'en a fallu pour créer les styles de la profondeur psychosociologique. Rien d'étonnant si des pages comme celles-ci sont maintenant des chefs-d'œuvre de la communication romanesque, les ancêtres des fictions du comportement (aventures et polars) et des scénarios de films.

Au début du XXᵉ siècle, la littérature française forme une épaisse forêt d'écritures qui symbolise l'enchevêtrement des vies humaines : la libre communication et l'institution de la langue civile se sont incarnées dans des romans aussi puissamment représentatifs de leur monde que l'avaient été les œuvres théâtrales de langue royale. Un foisonnement de styles (fictions figuratives des réalités par leurs combinaisons linguistiques) marque la renaissance de l'art littéraire dans la communauté des Français sachant tous (devant tous savoir) écrire et lire.

Un créateur artistique de la dimension de ceux qui changent les mentalités, Marcel Proust (1871-1922), réalise une œuvre composée, comme celle de Balzac, de tomes très nombreux mystérieusement engendrés. *A la recherche du temps perdu* publiée par romans échelonnés de 1913 à 1922, posthumes de 1923 à 1927, a été rééditée avec des inédits et des variantes en 1988. Balzac avait créé l'image de la société en mouvement, donnant du même coup aux personnages individuels une existence « non pas factice mais vitale » (disait Proust). Tout autrement Marcel Proust crée l'image de l'histoire intérieure de l'écrivain ; communiquant à ses personnages et à leur vie sociale une présence irrécusable. Dans un cas comme dans l'autre, tout sujet, ou objet, du travail artistique est une construction verbale puisqu'il s'agit d'art littéraire. Balzac et Proust, écrivains de langue française, résument et transfigurent la culture française, à un siècle de distance.

On voudrait savoir comment (par quels exercices d'écriture, quelles leçons de grammaire élémentaire, dans quels cahiers) Marcel Proust a appris à écrire, lui qui a inauguré le style du narrateur *A la recherche du temps perdu* par cette « simple » phrase

« Longtemps, je me suis couché de bonne heure. »
Décalage subtil (allusif d'un parlé familier ? ou d'un cliché littéraire ?) de l'adverbe de temps. Emploi du passé composé des prises de conscience, ici exceptionnel de justesse grammaticale et de pouvoir expressif puisqu'il restera unique, introduisant la multitude indéfinie des imparfaits, passés simples, pré-

sents qui se succèdent jusqu'au volume du *Temps retrouvé* inclus : le narrateur s'est d'abord présenté à lui-même une fois pour toutes.

Mais on sait qu'enfant d'une famille lettrée, entré au Lycée Condorcet à Paris en 1882, il fait partie des privilégiés de la langue en République. A l'autre bout de l'échelle sociale, Charles Péguy, fils de femme de ménage et boursier de lycée en province, entré à l'école communale en 1880, deviendra lui aussi un grand écrivain français, et cernera d'un trait de phrase

« le fils de bourgeoisie qui entre en sixième comme il a des bonnes et du même mouvement » (Péguy, *L'Argent*, 1913).

Deux destins qui font contraste parce qu'ils sont issus du même appareil scolaire. Proust étudie l'anglais au lycée et mène de front son premier roman et la traduction d'un livre de Ruskin (*Jean Santeuil* écrit entre 1896 et 1903 ; *La Bible d'Amiens*, 1904) ; Péguy apprend l'allemand au lycée et s'initie à la philosophie et à la politique rue d'Ulm auprès des premiers universitaires avertis de Hegel et Marx. Mais le latin est alors la langue partenaire du français, loin devant toutes les autres. Latin qui a perdu son universalité et son naturel d'Ancien Régime, mais qui demeure dans le Nouveau Régime le fondement des « humanités » ; latin qui ressurgit chez Proust, chez Péguy, des profondeurs de l'apprentissage, au moment des bonheurs d'invention.

« Etendue de la tête aux pieds sur mon lit, dans une attitude d'un naturel qu'on n'aurait pu inventer, je lui trouvais l'air d'une longue tige en fleur qu'on aurait déposée là, et c'était ainsi en effet : le pouvoir de rêver, que je n'avais qu'en son absence, je le retrouvais en ces instants auprès d'elle, comme si, en dormant, elle était devenue une plante. Par là, son sommeil réalisait, dans une certaine mesure, la possibilité de l'amour ; seul, je pouvais penser à elle, mais elle me manquait, je ne la possédais pas. Présente, je lui parlais, mais j'étais trop absent de moi-même pour pouvoir penser. Quand elle dormait, je n'avais plus à parler, je savais que je n'étais plus regardé par elle, je n'avais plus besoin de vivre à la surface de moi-même.

« En fermant les yeux, en perdant la conscience, Albertine avait dépouillé, l'un après l'autre, ses différents caractères d'humanité qui m'avaient déçu depuis le jour où j'avais fait sa connaissance. Elle n'était plus animée que de la vie inconsciente des végétaux, des arbres, vie plus différente de la mienne, plus étrange, et qui cependant m'appartenait davantage. Son moi ne s'échappait pas à tous moments, comme quand nous causions, par les issues de la pensée et du regard. Elle avait rappelé à soi tout ce qui d'elle était au-dehors ; elle s'était réfugiée, enclose, résumée, dans son corps. En la tenant sous mon regard, dans mes mains, j'avais cette impression de la posséder tout entière que je n'avais pas quand elle était réveillée. Sa vie m'était soumise, exhalait vers moi son léger souffle.

« J'écoutais cette murmurante émanation mystérieuse, douce comme un zéphir marin, féerique comme ce clair de lune, qu'était son sommeil. Tant qu'il persistait, je pouvais rêver à elle, et pourtant la regarder, et quand ce sommeil devenait plus profond, la toucher, l'embrasser. Ce que j'éprouvais alors, c'était un amour devant quelque chose d'aussi pur, d'aussi immatériel dans sa sensibilité, d'aussi mystérieux que si j'avais été devant les créatures inanimées que sont les beautés de la nature. Et, en effet, dès qu'elle dormait un peu profondément, elle cessait seulement d'être la plante qu'elle avait été ; son sommeil, au bord duquel je rêvais, avec une fraîche volupté dont je ne me fusse jamais lassé et que j'eusse pu goûter indéfiniment, c'était pour moi tout un paysage. Son sommeil mettait à mes côtés quelque chose d'aussi calme, d'aussi sensuellement délicieux que ces nuits de pleine lune dans la baie de Balbec devenue douce comme un lac, où les branches bougent à peine, où, étendu sur le sable, l'on écouterait sans fin se briser le reflux » *(La Prisonnière)*.

Métaphore de l'inspiration :

« Et de même que les gens louent cent francs par jour une chambre à l'hôtel de Balbec pour respirer l'air de la mer, je trouvais tout naturel de dépenser plus que cela pour elle, puisque j'avais son souffle près de ma joue, dans sa bouche que j'entr'ouvrais sur la mienne, où contre ma langue passait sa vie. »

Métaphore réalisée par les mots dans l'imaginaire lorsque le souffle, le sens des mots, passe d'une langue dans l'autre. L'inspiration soulève la phrase française lorsque la trace enfouie d'anciens exercices de version vient libérer la place des syntagmes instituée par les leçons primaires (je la trouvais étendue sur mon lit) en lui substituant une tournure de syntaxe latine (« Etendue... je lui trouvais l'air... Présente, je lui parlais...). La langue civile se métamorphose, sans disparaître, en langue de l'autre, langue de l'inconscient, de l'étranger, de l'ancien. Ce que le récit figuratif tend à décrire paradoxalement comme réalité insaisissable se traduit effectivement lorsque les idées pensées en français se coulent dans un effet de version latine : jalonnées par les fortes « liaisons » qui ont appris aux lycéens à comprendre et construire (colinguisme apportant cum/quand, dum/pendant que, quanquam... tamen/cependant, quasi/comme si, etc., et surtout cette longue construction suspensive de la phrase complexe latine qu'un lycéen apprend à déchiffrer et à faire passer en français en pratiquant l'inversion, le point-virgule, la rédaction du paragraphe).

Ainsi c'est le travail de l'analyse logique qui parvient à évoquer « cette murmurante émanation mystérieuse » figurée par le sommeil d'Albertine. Car ce travail (opération de communication contrairement à celui des fantasmes oniriques) est un exercice de résurrection qui renouvelle le pouvoir créateur des apprentissages. L'écriture de Marcel Proust réinvente les bonheurs de la symbolisation remontant au-delà des genèses de l'adolescence jusqu'au plaisir radical de grammatiser — coucher par écrit — le langage maternel.

4. Les poésies. — Après 1789 la révolution dans les langues crée un nouveau code des écritures. Victor Hugo se souvient :

> « Quand je sortis du collège, du thème,
> Des vers latins, farouche, espèce d'enfant blême
> Et grave, au front penchant, aux membres appauvris,
> Quand, tâchant de comprendre et de juger, j'ouvris
> Les yeux sur la nature et sur l'art, l'idiome,
> Peuple et noblesse, était l'image du royaume ;
> La poésie était la monarchie ; un mot
> Etait un duc et pair, ou n'était qu'un grimaud ;
> Les syllabes pas plus que Paris et que Londre
> Ne se mêlaient ; ainsi marchent sans se confondre
> Piétons et cavaliers traversant le pont Neuf ;
> La langue était l'Etat avant quatre-vingt-neuf ;
> Les mots, bien ou mal nés, vivaient parqués en castes ;
> Les uns, nobles, hantant les Phèdres, les Jocastes
> [...]
> Les autres, tas de gueux, drôles patibulaires
> Habitant les patois ; quelques-uns aux galères
> Dans l'argot ; [...] créés pour la prose et la farce ;
> N'exprimant que la vie abjecte et familière,
> Vils, dégradés, flétris, bourgeois, bons pour Molière.
> [...]
> Alors, brigand, je vins ; je m'écriai : Pourquoi
> Ceux-ci toujours devant, ceux-là toujours derrière ?

> Et sur l'Académie, aïeule et douairière,
> Cachant sous ses jupons les tropes effarés,
> Et sur les bataillons d'alexandrins carrés,
> Je fis souffler un vent révolutionnaire.
> Je mis un bonnet rouge au vieux dictionnaire.
> [...] Je montai sur la borne Aristote,
> Et déclarai les mots égaux, libres, majeurs.
> Tous les envahisseurs et tous les ravageurs,
> Tous ces tigres, les huns, les scythes et les daces,
> N'étaient que des toutous auprès de mes audaces ;
> [...] Aux armes, prose et vers ! formez vos bataillons ! [...]
> Boileau grinça des dents ; je lui dis : Ci-devant
> Silence ! et je criai dans la foudre et le vent :
> Guerre à la rhétorique et paix à la syntaxe !
> Et tout quatre-vingt-treize éclata.
> [...] Qui délivre le mot, délivre la pensée. [...]
> Tous les mots à présent planent dans la clarté.
> Les écrivains ont mis la langue en liberté [...]
> La poésie [...] que Plaute et que Shakespeare
> Semaient, l'un sur la plebs et l'autre sur le mob [...]
> Se remet à pleurer sur la misère humaine. [...] »

(*Réponse à un acte d'accusation*, daté 1834, dans *Les Contemplations*, 1856).

Paradoxalement c'est un écrivain armé de tous les moyens du métier oratoire appris en latin dans les collèges qui attaque le latin et la rhétorique. En effet Hugo ne crée pas à partir de rien la nouvelle composition française. Il ruine l'ancien style (discrimination lexicale, tropes, versification) parce qu'il rejette l'esprit de l'ancien colinguisme (autorité divine de l'écrit sur le non-écrit, et du modèle latin sur les langues vulgaires) ; mais il construit le nouvel édifice en réemployant certains débris (certains procédés d'écriture, restes des figures vidées de leur ancien pouvoir de signification) : antithèses, métaphores.

En régime égalitaire, dans une société qui se démocratise, dès lors que les rangs se mêlent pour changer dans le peuple, une expression telle que *drôle patibulaire* jusque-là clairement appliquée à un coquin de basse roture justiciable de la potence, n'a plus qu'un contenu rétrospectif. Elle tombe en désuétude mais se charge d'un contenu qui n'est pas moins évocateur en devenant *image bougée*, c'est-à-dire signe d'un déplacement qui oblige à comprendre l'histoire.

> Pareillement qu'est-ce qu'un *mot bourgeois* dans le nouvel usage commun du français ? Ce sera un mot de contenu variable et de valeur protéiforme selon les contextes. Le dictionnaire *Le Petit Robert* de 1977, précisant méthodiquement le sens des mots par leur contraire, oppose *bourgeois* à *manant, noble, artiste, ouvrier, paysan, prolétaire, populaire, anarchiste, bohème, hippie, marginal, révolutionnaire*. L'expression de Victor Hugo « bourgeois, bons pour Molière » est, comme on dit maintenant, profonde : elle signifie à la fois la présence de Molière sous l'Ancien Régime et sa présence universelle après 1789.

Ce déplacement permanent de tout vocable d'un emploi passé à un emploi présent, d'un emploi technique à un emploi commun, d'un emploi local à un emploi national, est radicalement autre que la « métaphore », la « métonymie », etc., « figures » autrefois destinées à canaliser l'imagination. Désormais tout contexte offre un paysage ouvert de mots chargés d'histoire et de rêve (« dans la foudre et le vent »).

La *nouvelle esthétique de la communication en mouvement* apparaît mieux dans les dictionnaires que dans les grammaires et dans les critiques littéraires. Victor Hugo s'écrie : « J'ai mis le bonnet rouge au vieux dictionnaire... paix à la syntaxe. »

> Car l'idéologie de l'Etat-nation d' « après quatre-vingt-neuf », celle de la « langue républicaine », a vécu jusqu'à nos jours sur la croyance à l'immuabilité de la syntaxe conjurant l'instabilité du vocabulaire et symbolisant la personnalité de la France, reconduisant ainsi à sa manière l'idéologie de la langue royale-cléricale. Tous les historiens de la langue française sous la IIIe République ont professé que le « remue-ménage » révolutionnaire dans le vocabulaire s'accompagnait d'un « retour à la discipline » dans la syntaxe. Ils s'en sont félicités. Le fétichisme actuel de l'orthographe en France est une forme bornée de ce culte.

Et pourtant la littérature française des XIXᵉ et XXᵉ siècles, Victor Hugo en tête, a manipulé tant et plus la construction de la phrase complexe, même celle de la phrase simple ! Lorsque Hugo fait la guerre à la rhétorique, il mobilise nécessairement les instruments grammaticaux que les grammairiens actuels nomment *introducteurs de complexité*.

Les effets de syntaxe dans le français fictif de Hugo sont comparables à ses effets de vocabulaire. Ils symbolisent la déroute du discours d'Ancien Régime du fait qu'un étalage de rhétorique (« Quand... quand... alors »), exhibition de procédés repris du latin, est bousculé par le jaillissement de la simple expression française.

Le poème cité *Réponse à un acte d'accusation* n'est pas une suite ordonnée de périodes oratoires bien balancées. Il casse délibérément les formes reçues de l'éloquence, de la démonstration classique, pour suggérer la liberté de langage d'une langue de conversation :

vers 1 « Donc, c'est moi qui [...]
vers 19 Causons.

Quand je sortis du collège, du thème » [...]
Les règles de la versification avaient représenté tout au long de l'histoire de la littérature latino-française, une mesure d'autorité, une loi descendue d'en haut, transcendante à la parole. Les mots placés à la rime orientaient les significations. Toute exception à la règle — enjambement, emploi de vers libre — provoquait une interprétation supplémentaire justificative. La Fontaine écrivait faisant parler le lion :

« Il m'est même arrivé quelquefois de manger
Le berger. »

vers dans lesquels l'infraction à la règle du vers retentissait au niveau du sens : gravité de la faute, gloutonnerie de l'animal, privilège du seigneur, acquittement prévisible. Victor Hugo désobéit au code. Il pratique d'un vers alexandrin sur l'autre ce qu'il vaut mieux appeler *empiétement* qu'enjambement ; car son vers, au lieu de franchir un vide, déborde naturellement ; au lieu de soumettre la phrase française, avec ses significations, à la loi de la rime, rédige sa phrase de simple français en empiétant à l'occasion sur le vers suivant, et tant pis pour la rime ! Ce subtil renversement d'autorité s'accompagne d'un nouveau style de ponctuation

> « Quand je sortis du collège, du thème,
> Des vers latins, farouche, espèce d'enfant blême
> Et grave » [...]

Les virgules et points-virgules s'associent à la conjonction *et* (le mot de liaison à tout faire depuis toujours typique de la construction française qui coordonne au lieu de subordonner conformément au modèle latin) pour produire un effet de langue moderne.

Le poème français affiche chez Hugo l'indépendance de la langue nationale revendiquée à titre d'expression individuelle. En même temps il proclame la nouvelle ouverture aux langues partenaires. « Soupire » rime ici avec *Shakespeare*, ailleurs « entra » avec *Cintra*. Les mots français, anglais, latins, bibliques, entrent sur un pied d'égalité dans la fiction de langue commune :

> « [la poésie] que Plaute et que Shakespeare
> Semaient, l'un sur la plebs, et l'autre sur le mob ;
> Qui verse aux nations la sagesse de Job [...] »

Hugo va jusqu'à inventer le faux nom propre qui fait plus partenaire que nature au mot français, dans *Booz endormi* :

> « Tout reposait dans Ur et dans Jerimadeth [j'ai rime à dait]
> [...] et Ruth se demandait » [...]

Pionnier de la nouvelle poésie (*Les Orientales*, 1829), du nouveau roman (*Han d'Islande*, 1823 ; *Le dernier jour d'un condamné*, 1829 ; *Claude Gueux*, 1834), de la nouvelle critique (*Préface de Cromwell*, 1827), Hugo a fait renaître la littérature française dans la nouvelle Europe. Il a imaginé le nouvel art d'écrire, qui communique des pensées libres par la presse, par l'instruction publique, par la librairie internationale.
A partir des lois instituant solidement l'Ecole sur sa

base primaire dans les années 1880 son style a opéré à tous les niveaux de récitations, dictées, analyses, lectures courantes, compositions et dissertations, émulation créatrice, critique littéraire. Cependant la réalisation même du Nouveau Régime provoquait la naissance d'autres poètes.

En 1865 un enfant de 11 ans, bon écolier, entre comme boursier (il est fils de capitaine) au collège de Charleville après avoir reçu l'instruction primaire de 8 à 11 ans dans une pension bourgeoise.

> Les pensions bourgeoises s'alignaient de leur mieux sur l'enseignement public, et les classes du degré primaire sur les « petites classes » élémentaires conservées au degré secondaire qui n'ont perdu qu'en 1960 leurs avantages en recrutement et en pédagogie. Le latin commençait deux ans avant l'entrée au degré secondaire dans les petites classes des lycées et collèges. La supériorité scolaire d'Arthur Rimbaud a-t-elle été menacée à son entrée au collège ? Le garçon ne pouvait-il souffrir la surveillance de sa mère sur son travail, l'avenir petit-bourgeois qu'on lui imposait ?

Au cours de sa première année de collège (sa sixième), il compose un *Prologue*, début de roman, sur un cahier qui ne s'est pas perdu, et que les éditions critiques de Rimbaud produisent au XXe siècle comme document biographique. Document exceptionnel sur l'imagination des langues chez un collégien de 1865, porteur d'une vaste culture, futur écrivain commençant à inventer son français fictif.

Prologue

I

« Le soleil était encore chaud ; cependant il n'éclairait presque plus la terre ; comme un flambeau placé devant les voûtes gigantesques ne les éclaire plus que par une faible lueur, ainsi le soleil, flambeau terrestre, s'éteignait en laissant échapper de son corps de feu une dernière et faible lueur, laissant encore cependant voir les feuilles vertes des arbres, les petites fleurs qui se flétrissaient et le sommet gigantesque des pins, des peupliers et des chênes séculaires [une seconde phrase oratoire termine le paragraphe].

II*

« Je rêvai que... j'étais né à Reims, l'an 1503. Reims était alors une petite ville ou, pour mieux dire, un bourg cependant renommé à cause de sa belle cathédrale, témoin du sacre du roi Clovis.

« Mes parents étaient peu riches, mais très honnêtes. J'aimais peu l'étude [...] malgré cela mon père me mit en classe dès que j'eus dix ans. Pourquoi, me disais-je, apprendre du grec, du latin ? Je ne le sais. Enfin on n'a pas besoin de cela ! Que m'importe à moi que je sois reçu... à quoi cela sert-il d'être reçu, rien, n'est-ce pas ? Si pourtant on dit qu'on n'a une place que lorsqu'on est reçu. Moi, je ne veux pas de place, je serai rentier. Quand même on en voudrait une, pourquoi apprendre le latin ; personne ne parle cette langue. Quelquefois j'en vois sur les journaux, mais dieu merci, je ne serai pas journaliste.

« [...] De l'histoire, apprendre la vie de Chinaldon, de Nabopolassar, de Darius, de Cyrus, et d'Alexandre et de leurs autres compères remarquables par leurs noms diaboliques, est un supplice ?

« Que m'importe, moi qu'Alexandre ait été célèbre ? Que m'importe... Que sait-on si les Latins ont existé ? C'est peut-être quelque langue forgée ; et quand même ils auraient existé, qu'ils me laissent rentier et conservent leur langue pour eux ! Quel mal leur ai-je fait pour qu'ils me flanquent au supplice.

« Passons au grec... cette sale langue n'est parlée par personne, personne au monde !... Ah ! saperlipotte de saperlipopette ! sapristi moi je serai rentier ; il ne fait pas si bon de s'user les culottes sur les bancs... saperlipopettouille !

« [...] Ah ! saperpouillotte !... La suite prochainement.

Arthur. »

Le collégien qui injurie le latin « langue forgée » le pratique avec zèle : il fait sa 6e et sa 5e en un an. A 14 ans il compose un devoir latin, prose et vers, qui traite si convenablement le sujet de la vocation littéraire (endormi sous les arbres, l'enfant reçoit d'Apollon le don poétique) qu'il est publié dans le *Bulletin officiel* de l'Académie de Douai. A 15 ans Rimbaud fait parvenir à la *Revue pour tous* un poème français *Les Etrennes des orphelins*, écrit dans le sillage de Victor

---

* [Les points de suspension sont dans le texte sauf entre crochets.]

Hugo. En 1870 un jeune professeur de rhétorique l'introduit dans le mouvement littéraire parisien, chez des gens de gauche. La guerre de Napoléon III, l'écrasement de la Commune ; les fugues, les prisons, les routes du Nord, les mers d'Orient ; on ne résume pas l'existence de l'évadé qui deviendra négociant hasardeux en café, tissus, ivoire et armes, découvreur de l'Ethiopie.

Entre 15 et 20 ans Rimbaud continue le Prologue de ses dix ans. Il refuse d'être reçu et placé avec diplôme dans un emploi subalterne, dans un métier d'écritures. Il se bat contre les servitudes de l'apprentissage des langues en rêvant d'être rentier, version moderne de l'antique homme de loisir ; en inventant sa propre « langue forgée ».

Or ce style de Rimbaud, cent ans plus tard, est devenu exemplaire dans la littérature française. Il manifeste le goût actuel de telle façon que le style de Hugo lui-même (« étranglé par la forme vieille » dit Rimbaud), de Baudelaire lui-même (« la forme si vantée en lui est mesquine » dit Rimbaud) sont désormais passés. La coupure qui sépare Hugo et Baudelaire de Corneille et Racine peut sembler moins profonde que le fossé creusé entre Rimbaud et tous les classiques d'Ancien ou Nouveau Régime. Rimbaud rejette l'idéal millénaire et la forme majeure de la littérature française : la communication intellectuelle des idées, le discours persuasif.

L'Eternité

« Elle est retrouvée.
Quoi ? — L'Eternité.
C'est la mer allée
Avec le soleil.

Ame sentinelle,
Murmurons l'aveu
De la nuit si nulle
Et du jour en feu.

Des humains suffrages,
Des communs élans
Là tu te dégages
Et vole selon.

Puisque de vous seules,
Braises de satin,
Le Devoir s'exhale
Sans qu'on dise : enfin.

Là pas d'espérance,
Nul *orietur*.
Science avec patience,
Le supplice est sûr.

Elle est retrouvée.
Quoi ? — L'Eternité.
C'est la mer allée
Avec le soleil. »

(Poèmes versifiés de 1872,
dans le recueil *Illuminations* paru ensuite).

Comme tous les chefs-d'œuvre artistiques l'œuvre de Rimbaud affirme sa personnalité au sein d'une aventure culturelle. Bien loin d'être isolé par son travail de poète, Rimbaud prend place parmi les « parnassiens », les « symbolistes » ; et il figure à côté de Verlaine, sous l'œil de Baudelaire, dans le tableau de 1872 où Fantin-Latour réunit imaginairement les poètes autour d'un *Coin de table*. « Délires » et « vertiges », perte de raison sont les thèmes à traiter. Mallarmé (1842-1898) déploiera tout son génie à identifier le pouvoir de l'écriture avec une sorte d'ascétisme qui privera héroïquement le langage de tout sens commun. Et ce n'est pas seulement la littérature mais la peinture, la sculpture et la musique, c'est toute la culture européenne qui va mettre en doute sa mission de divulgation et de transmission.

Le problème d'ensemble de cette révolution culturelle liée aux révolutions politiques et sociales a été souvent analysé. On n'a pourtant pas suffisamment étudié l'incidence de la transformation de l'institution linguistique sur la signification des produits culturels. Retard paradoxal tout comme est paradoxal le fait que l'instauration de la langue civile (le français d'école primaire) déclenchait à la fois une forme de communication universelle sans précédent et des lacunes sans précédent dans la communion nationale. A l'époque où tous les Français doivent savoir penser (lire-et-écrire) dans le même français, certaines différences quasi insurmontables les en empêchent et font que « certains sont plus égaux que d'autres » (défaut décelé dans la démocratie par l'humour anglais d'Orwell).

L'inégalité socioculturelle s'inscrit dans les institutions elles-mêmes, contrairement à l'esprit de la loi d'Instruction Publique. Les barrières de l'argent (études secondaires payantes) et des contenus d'enseignement (langues et littératures partenaires du français exclues des études primaires) interdisent aux classes culturelles de communiquer. Une abondance de clichés académiques, une mythologie vidée de ses supports linguistiques sont dispensées au degré primaire de telle manière qu'elles permettent aux élites bourgeoises de greffer leur langue complexe sur la pratique nationale : tout jeu de mots sera désormais entendu « au second degré » (la locution s'écrit vers 1890) surclassant un « premier degré » voué à la platitude du « sens littéral ». Pareillement les nouvelles élites vont s'encanailler au café-concert, forme d'art urbain qui se répand universellement, tandis qu'une faible minorité fréquente les bibliothèques et les musées (aujourd'hui le *rock* est un « must », la fréquentation des bibliothèques n'a pas beaucoup gagné).

L'Eternité de Rimbaud est précisément la fiction de langue qui prend en charge à la fois la rengaine de café-concert et les plus hautes idées de la culture européenne. Ouvrage révélateur, poétique et prophétique, puisqu'il manifeste le défaut de communication exhibé par l'exigence de communication dans le français qui va naître de l'Ecole républicaine. A quoi sert de « trouver le sujet du verbe par la question Quoi ? » si cette recette, si cette formule vide ne permettent pas à la raison de comprendre les abstractions linguistiques et de donner consciemment aux mots une signification interculturelle ?

Après tant de siècles élaborés par les lettrés depuis *L'aube de Fleury*, la difficulté d'inventer une langue commune ressurgit chez les écoliers-citoyens au seuil du XXe siècle. Il s'agit d'inventer à nouveau une écriture symbolique du partage (la division + l'unité) en langues. On ne sera pas étonné que le poème de Rimbaud traite à nouveau des mythes vieux comme le monde (la mer et le soleil, le haut et le bas). On trouvera naturel que son discours fictif provoque la rêverie et la réflexion par des effets de disparate qui vont jusqu'à l'incohérence.

Un an après avoir écrit *L'Eternité* qu'on vient de lire, Rimbaud écrit *Une Saison en enfer*, long récit mêlé de prose et de vers suggérant le rêve d'un écrivain qui veut échapper à la malédiction de sa naissance (il recommence l'aventure du Cahier des 10 ans). Il récapitule ses expériences de « langue forgée », commente et récrit *L'Eternité* :

« De joie, je prenais une expression bouffonne et égarée au possible :

> Elle est retrouvée !
> Quoi ? l'éternité.
> C'est la mer mêlée
> Au soleil.
>
> Mon âme éternelle,
> Observe ton vœu
> Malgré la nuit seule
> Et le jour en feu.
>
> Donc tu te dégages
> Des humains suffrages,
> Des communs élans !
> Tu voles selon...

— Jamais l'espérance.
Pas d'*orietur*.
Science et patience,
Le supplice est sûr.

Plus de lendemain,
Braises de satin
Votre ardeur
Est le devoir.

Elle est retrouvée !
— Quoi ? — l'Eternité.
C'est la mer mêlée
Au soleil.

« Je devins un opéra fabuleux : je vis que tous les êtres ont une fatalité de bonheur [...] »

(*Alchimie du Verbe*, dans *Une S. en E.*).

La seconde version est moins impénétrable au sens commun que la première. Elle élabore un raisonnement, une suite des idées, un dialogue contradictoire (par ponctuation logique, redistribution des strophes, des vers ; par élimination des bizarreries de vocabulaire-syntaxes, sauf la principale *orietur*).

La double version « l'aveu de la nuit si nulle / ton vœu malgré la nuit seule » reproduit fictivement le désarroi de l'élève qui tente de couler dans le français une phrase de langue ancienne dont le sens (*orietur*) lui échappe. Et ce n'est pas par hasard que ce style forgé en 1872-1873 inclut un mot latin dans son rêve de composition française. Mot incompréhensible au niveau des rédactions du premier degré ; verbe très significatif (*orietur* = *il se lèvera*, promesse mythologique et évangélique) au niveau des dissertations de degré supérieur. Ce n'est pas non plus par hasard que la nuit « nulle » est une version de la nuit « seule ». N'importe quel Européen formé au XIXe siècle, et encore au XXe, en latin et en rhétorique rencontrait, en lisant « la nuit seule », le vers de Virgile « ibant obscuri sub sola nocte » exemple classique de la figure « hypallage » (interversion des mots d'une phrase : « ils allaient obscurs sous la nuit seule » = ils allaient seuls sous la nuit obscure), et exercice obligé de traduction extrait de la descente aux Enfers de l'*Enéide*. Ainsi l'image infernale de la solitude liée à celle de la vocation universelle chez le héros de l'épopée latine passe chez Rimbaud en version française claire-obscure (clairement distinctive de leur privilège pour les lettrés de culture supérieure, obscurément chargée de revendication pour les grammatisés exclus de la traduction ; et pour tous, signe de contradiction du pouvoir linguistique).

Mais cette fois l'innovation provient avant tout du dépassement des frontières jusque-là bien tracées entre la tradition intellectuelle de la prose et celle de la poésie, entre les genres littéraires, entre les états différents d'un ouvrage. Désormais comment qualifier une œuvre littéraire ? comment désigner sa version originale, comment départager auteur et lecteur, comment enseigner et communiquer l'écriture ? Faut-il prendre les mots au premier degré, au second degré ? Raymond Queneau, Raymond Roussel, Georges Perec soulèveront cette inquiétude au XXe siècle.

5. **Traduire sa pensée.** — La littérature française est née des Serments de Strasbourg, il y a presque deux mille ans. Notre « Que sais-je ? » dégage à travers une production innombrable l'enjeu essentiel de l'écriture : l'invention d'un signe de communion et d'un moyen de communication entre des communautés différentes. On peut encore simplifier cette histoire foisonnante jusqu'à la faire tenir en un seul mot : *traduire*.

Le 14 février 842, deux rois ont traduit leur alliance en deux langues (chacun employant la langue de l'autre) qui leur ont permis de circonscrire leurs sujets (les peuples jurant fidélité au prince dans la langue du prince). Les deux langues des Serments étaient alors internationales au niveau des rois, nationales au niveau des sujets, et elles étaient vulgaires (c'est-à-dire caractéristiques de la grossièreté des populations disparates) au niveau de ceux qui détenaient (en latin) la science des écritures. Seuls les clercs comprenaient les traductions que les rois énonçaient, que les peuples recevaient. A la fin du XXe siècle les citoyens français sont devenus acteurs à tous les niveaux de leur langue. Acteurs responsables dont les capacités sont encore rudimentaires. Acteurs partenaires d'autres nationaux encore mal définis.

Après deux cents ans de transformations réalisées par la politique, par la recherche en grammaire et en linguistique, dans les mœurs et la pédagogie, l'instruction publique en France est à la veille de généraliser l'enseignement des langues « étrangères » à l'école primaire. Il n'est pas encore possible de voir clairement quelles sortes de partenaires de la langue française seront institués demain obligatoires dès la première initiation aux connaissances. La littérature gréco-latine partenaire universel des langues européennes depuis leur fondation, référence millénaire de toutes leurs significations, trouvera-t-elle un moyen de se traduire dans l'enseignement primaire ? On pourrait penser que c'est déjà fait puisque l'enseignement du français grammatical est déjà réalisé sur des textes littéraires dont le français fictif présente la trace du latin : chez La Fontaine, chez Proust.

> Maître Corbeau, sur un arbre perché
>   Tenait en son bec un fromage.
> Maître Renard, par l'odeur alléché,
>   Lui tint à peu près ce langage :
> « Hé ! bonjour, Monsieur du Corbeau [...]
> Vous êtes le phénix des hôtes de ces bois. » [...]

Des générations d'écoliers républicains, après celles des privilégiés d'Ancien Régime, ont appris à isoler intuitivement les syntagmes « sur un arbre », « en son bec », « par l'odeur » afin de saisir intuitivement les constructions « Corbeau perché », « tenait un fromage » productrices de sens en langue française ; du même coup ils s'initiaient à la construction latine par laquelle le complément circonstanciel (en d'autres cas complément d'objet ou de nom) précède le mot qu'il détermine. La norme d'une langue est comprise par comparaison avec la norme d'une autre. L'un des exercices essentiels de l'école primaire française vers 1880 s'énonçait « Traduire en prose (des vers de Victor Hugo, de La Fontaine, etc.) ». Tous les exercices actuels d'élocution sont analogues. Avec le « phénix » on entend les voix exotiques.

Mais la fondation et l'histoire de l'association des langues écrites ne sont pas explicites dans la France actuelle ; on peut même dire que l'enseignement des langues et des littératures tend à occulter cette association. L'enseignement de la littérature française en France est irrationnel, plutôt imaginatif qu'instructif lorsqu'il s'enchante de problèmes moraux, de connaissances sur la cour de Louis XIV à propos des *Fables* de La Fontaine et passe sous silence le travail de langue qui fait exister toutes ces intrigues sur la re-création de l'exercice latin en français ; qu'il s'agisse de la littérature mise en œuvre par La Fontaine chez Mme de La Sablière à l'époque du « classicisme français », ou qu'il s'agisse des « exercices littéraires » inventés sous Jules Ferry pour les citoyens français du degré primaire. Pareillement l'enseignement littéraire actuellement en France évacue la Question du Latin et celle du contrôle des pouvoirs d'expression lorsqu'une œuvre de Hugo, Mallarmé ou Ionesco s'impose comme œuvre d'art ; tandis qu'il exploite surabondamment l'imagerie familiale (ces grands hommes étaient-ils mal aimés ? ont-ils perdu leur fille, leur fils ?) et les complications formalistes (quelles sont les symétries, les variations ?), toutes considérations qui sont, à leur manière, éclairantes, irréfutables, mais qui seront peut-être plus significatives dans un monde où les problèmes de communication surgiront explicitement, lorsqu'on articulera la biographie des auteurs, la sociologie des échanges, l'angoisse ou l'exaltation devant l'écriture, à une prise de conscience du colinguisme.

Les français fictifs forgés au XXe siècle qui seront reconnus « chefs-d'œuvre » au XXIe par un nouveau goût littéraire inventeront un nouveau régime d'entente. C'est-à-dire un nouveau régime de version : nouvelles traductions des langues autres, nouvelles compréhensions des textes chargés d'histoire, nouvelles pensées des auteurs-lecteurs témoins de l'histoire.

朱橋	La rose	J'ai franchi sur un pont de corail quelque chose qui ne permet pas le retour
花酒	Une rose	d'un rouge si fort qu'elle tache l'âme comme du vin.
豆白	Une pivoine	aussi blanche que le sang est rouge

L'esthétique de la version obscure, signée Rimbaud, Mallarmé, est aujourd'hui puissante dans la culture de langue française. Mais celle de la libre communication lui demeure fondamentale : c'est l'exigence de traduction qui s'exprime là contre l'hypocrisie des conformismes. Il existe en vertu de la même exigence *une esthétique de l'absence de version,* ou encore *de la version ostentatoire.* Appelons ainsi les formes du goût littéraire qui exhibent de façon provocante les versions plurilingues d'un texte en régime colingue. Celles qui font travailler l'imagination sur le matériel des mass media et ouvrages scolaires en plusieurs langues (voir ci-dessus, III, 2).

Ainsi Paul Claudel (1868-1955) a produit toute la gamme des styles : obscur, transparent, plurilingue. Il est aujourd'hui surtout l'auteur de *Drames* et *Odes* superbement écrits en clair-obscur. Mais il a aussi publié dans la *Revue de Paris* (15 août 1935) ses *Petits poèmes d'après le chinois* extraits du recueil de Tsin Tsou Ming traduits en français et en anglais ; ensuite *Cent phrases pour éventails* données simultanément en japonais et en français (1942) sous forme de calligraphies concurrentes (illustration p. 116). Sous le titre japonais *Dodoitzu* il a confronté la traduction de 26 poèmes japonais en anglais et en français :

The unseen one	*Cou-cou*
I cannot see you	On vous entend bien
But I can hear you	Vous voir pas moyen !
Just like a cricket	Ainsi dans son trou
Making his racket	Le grillon cou-cou !
Hullo pick a boo !	Kirigirisou !
Kirigirisu !	

(Paris, Gallimard, 1945).

Les significations seront différentes chez le grammatisé colingue selon qu'il aura été initié également ou inégalement dans une, deux ou trois langues ! Ouvrages jusqu'à maintenant estimés marginaux dans l'œuvre de Claudel, ces textes seront peut-être demain plus classiques que *Le Soulier de satin*, intégrés au niveau élémentaire, comme les nursery rhymes, avec les *Fables* de La Fontaine et les *Chantefables* de Robert Desnos (1945).

Cette mise en scène des langues convient aux formes courtes qui favorisent un jeu rapide d'interprétations. On la trouve chez Guillevic associant le français à l'une des langues intérieures à la nation : *Askennou Encoches*, traduction en langue bretonne de Pierre Jakez Hélias (Paris, Les Editeurs français réunis, 1975).

Caillou	Men
Viens encore une fois	Deu aman c'hoaz eur wech
Te consacrer caillou	D'en em ouestla da ven
Sur la table dans la lumière	War an daol e-kreiz ar skerijenn
Qui te convient,	A zo diouzout,
Regardons-nous	Sellom ouzom
Comme si c'était	E-giz pa vefe
Pour ne jamais finir.	Da jom heb echui morse.
Nous aurons mis dans l'air	Lakêt or-bo en hêr
De la lenteur qui restera.	Eur horregez hag a bado.

La présence du breton même (surtout ?) si on ne le comprend pas, déclenche un monde de pensées.

Pareillement le français patchwork d'Henri Michaux :

Articulations

« Et go to go and go
Et garce !
Sarcospèle sur Saricot,
Bourbourance à talico,
On te bourdourra le bodogo,
Bodogi.
Croupe, croupe à la Chinon.
Et bourrecul à la misère. »

(*La nuit remue*, 1935).

On pourrait multiplier ces exemples. Les productions littéraires qui semblent depuis le début du siècle hermétiques, sophistiquées, limitées à certains milieux, tirent en fait leur existence et tous leurs effets du maniement concret des symboles de l'écriture, et servent déjà de matériel aux travaux pratiques des nouveaux « professeurs d'écoles » (« instituteurs » d'hier) autant qu'aux exercices des « ateliers d'écriture » qui s'installent dans les universités.

Sous la même évidence aveuglante, la *pub* et les

paroles des musiques de masse ont pris le relais des chansons françaises et des feuilletons, et sont devenues les produits de pointe de l'activité littéraire, effaçant la notion élitiste d' « avant-garde ». Le *polar* remplit en français à l'échelle planétaire la fonction autrefois assumée par le roman d'amour, ou le roman d'aventures, ou le roman historique : il fournit un moyen de communication international.

Le journaliste poète américain Edgar Poe (1809-1849) avait été lu en France moins par la traduction que Mallarmé a donnée du poème *The Raven / Le Corbeau*, illustrée par Manet, que par la traduction de ses *Tales of the Grotesque and Arabesque* (1839) faite par Baudelaire : *Histoires extraordinaires* (1852-1857) qui a accompagné la création des *Fleurs du mal* (1857). Le poète français n'aurait pas accepté d'être comparé à l'auteur des *Trois mousquetaires*. Sa « modernité » avait d'autres ambitions que celle d'un feuilletoniste. Pourtant Edgar Poe avait tout publié, y compris ses poèmes, dans des magazines. Les *Histoires extraordinaires* inaugurent dans la littérature européenne le roman « criminel » ou « policier » qui occupe dans le grand public une place aussi large que le roman « historique » ou « d'amour » parce qu'il a mis l'art du récit au goût du jour.

E. Poe avait reçu en Angleterre une bonne éducation humaniste. Né et mort aux Etats-Unis il n'a jamais mis les pieds en France, mais il situe sa fiction *The murders in the rue Morgue / Double assassinat dans la rue Morgue* à Paris ; les mots français et latins figurent souvent dans son style.

« To this horrible mystery there is not as yet, we believe, the slightest clew.

« The next days's paper had these additional particulars : "*The tragedy in the Rue Morgue.* — Many individuals have been examined in relation to this most extraordinary and frightful affair" (the word *affaire* has not yet, in France, that levity of import which it conveys with us) "but nothing whatever has transpired to throw light upon it. We give below all the material testimony elicited" » (Penguin Books, 1965, *The Complete Tales and Poems*, p. 148).

Trad. Baudelaire : « Toute cette affaire reste un horrible mystère, et jusqu'à présent on n'a pas encore découvert, que nous sachions, le moindre fil conducteur. »

Le numéro suivant portait ces détails additionnels : « LE DRAME DE LA RUE MORGUE. — Bon nombre d'individus ont été interrogés relativement à ce terrible et extraordinaire événement, mais rien n'a transpiré qui puisse jeter quelque jour sur l'affaire.

Nous donnons ci-dessous les dépositions obtenues » (Ed. Gallimard, coll. « Pléiade », p. 17).

Phrase non traduite par Baudelaire : « Le mot *affaire* n'a pas encore en France ce manque de sérieux qu'il traduit chez nous. »

Le style français de la libre communication n'aurait pas inventé son propre naturel s'il n'était pas sorti des ornières académiques avec l'aide de l'anglais moderne. Cela continue.

Tous ceux qui maintenant sur la planète peuvent lire-et-écrire en français, assez pour goûter le plaisir de l'association des langues et en sentir intuitivement l'enjeu, découvriront aujourd'hui plus que jamais la personnalité linguistique française répondant à la double attraction de son dehors et de son dedans, inspirée par son interlocuteur étranger autant que par l'étrangeté de sa langue civile.

Depuis le début du XXe siècle, l'œuvre de James Joyce (1882-1941) s'élève à l'horizon des œuvres françaises comme celles de Shakespeare et Goethe à l'époque romantique. Avec Joyce irlandais de langue anglaise installé à Paris où il publie *Ulysses* (1922), l'association des langues écrites européennes devient visiblement la clé des significations : elle saute aux yeux. Une visibilité qui comme celle des éditions bilingues demande la traduction, mais qui insiste contrairement à celles-ci sur le travail immense d'instruction exigé par le franchissement des frontières. On est bien revenu aujourd'hui des illusions romantiques formulées par Victor Hugo (« Tous les mots à présent planent dans la clarté ! »). On a d'autres fantasmes de métissages. L'*Ulysse* de Joyce, avec ses « dix-huit livres en dix-huit langages » c'est-à-dire ses dix-huit styles d'anglais fictif, provoquant sa traduction en dix-huit styles de français fictif, manifeste la complexité des littératures nationales. Il manifeste aussi l'unité visée par le colinguisme.

A l'inverse, la simplicité artistique de la langue française dans le *Nouveau Théâtre* (mis en scène par Roger

Blin, Jean-Louis Barrault, Jean-Marie Serreau) : celui de Samuel Beckett *En attendant Godot* (1953), et Ionesco *La Cantatrice chauve* (1950), exhibe sous l'aspect de l'absurde le travail opéré par l'écriture d'une langue codée à distance des échanges vécus. Tournant le dos aux épopées, tragédies, comédies, drames à l'ancienne, les « pièces » d'aujourd'hui tournent aussi le dos aux illusions réalistes. Il s'agit maintenant de figurer l'apprentissage des *médias* (un mot issu de l'américain *mass media* lui-même tiré de l'anglais et du latin), à commencer par le français scolaire élémentaire.

Ionesco a raconté qu'un jour, désireux d'apprendre l'anglais, il avait ouvert la Méthode Assimil et avait eu « une illumination » : la Méthode lui faisait découvrir « les vérités » dans les mots non seulement avec la force de l'évidence (« le plancher est en bas, le plafond est en haut ») mais selon la progression qui mène aux idées complexes et prouve « que des vérités antagonistes peuvent très bien coexister ». Son idée de génie a été de créer les phrases élémentaires en personnages de théâtre.

« M. et Mme Smith conversent le soir chez eux quand rentre leur bonne.
« Mary, entrant. — Je suis la bonne. J'ai passé un après-midi très agréable. J'ai été au cinéma avec un homme et j'ai vu un film avec des femmes. A la sortie du cinéma, nous sommes allés boire de l'eau-de-vie et du lait et puis on a lu le journal.
« Mme Smith. — J'espère que vous avez passé un après-midi très agréable, que vous êtes allée au cinéma avec un homme et que vous avez bu de l'eau-de-vie et du lait.
« M. Smith. — Et le journal !
« Mary. — Mme et M. Martin, vos invités, sont à la porte. Ils m'attendaient. Ils n'osaient pas entrer tout seuls. Ils devaient dîner avec vous, ce soir.
« Mme Smith. — Ah oui. Nous les attendions. Et on avait faim. Comme on ne les voyait plus venir, on allait manger sans eux. On n'a rien mangé, de toute la journée. Vous n'auriez pas dû vous absenter !
« Mary. — C'est vous qui m'avez donné la permission.
« M. Smith. — On ne l'a pas fait exprès ! »

(*La Cantatrice chauve*, 1950).

L'universalité laborieuse et artistique, littéraire, des médias en français double et surmonte, par nature, les frontières militaires et économiques. Les auteurs français actuels n'appartiennent pas plus à l'actuel hexagone par « droit du sol » ou « droit du sang » que les auteurs médiévaux n'appartenaient au roi de France.

Thomas d'Aquin (1228-1274) né dans le royaume de Naples y avait étudié dans une abbaye où se développait la connaissance de l'arabe, ensuite s'était formé à Cologne, enfin à Paris. C'est là que, maître en théologie, il a fait en latin la gloire de l'Université de Paris.

Samuel Beckett (1906-1989) de nationalité irlandaise, étudiant à Dublin puis à Paris, traducteur de Joyce et de Kafka, a été un écrivain de langue anglaise, puis française, et de nouveau anglaise, se faisant son propre traducteur.

Eugène Ionesco né (1912 en Roumanie) d'un père roumain et d'une mère française, élevé en France puis en Roumanie, professeur de français en Roumanie jusqu'en 1938 puis fixé à Paris, a écrit en langue française. Questionné par deux étudiantes de l'Université de Tours qui faisaient un Mémoire de maîtrise sur *La Cantatrice chauve* (L. Jamin et M. Raimbault, sous la direction de Renée Balibar) il a répondu par une lettre (inédite à ce jour) :

« [...] Il y a en effet un rapport étroit entre *La Cantatrice chauve* et la Méthode Assimil. Il y a même de ma part ce qu'on pourrait appeler un plagiat. [...] J'ai, en effet, travaillé sur un français dit "de base". C'est bien à la Chapelle Anthenaise que j'ai fait ma première expérience littéraire, une rédaction à l'école communale. Mais pour vous dire quels ont été les manuels scolaires et les types d'exercices que j'ai effectués dans l'enseignement primaire, c'est un peu trop me demander. Il y a bien longtemps de cela. [...] Le maître nous faisait lire aussi un livre, comme exercice de lecture, c'était l'histoire de deux jeunes enfants qui allaient à la recherche de leur mère ou de leur père. Cette mère, ou ce père, séparé(e) pour je ne sais quelle raison de leurs enfants, avait l'habitude bizarre de quitter les villes de France juste au moment où les enfants arrivaient. [...] Le titre de ce livre devait être à peu près *Le tour de France par deux enfants*. [...] Tout le reste est passé dans mon inconscient. [...] » (23 février 1973).

Ionesco se rappelle avec humour son apprentissage des lettres. L'humour est une mise à distance qui provoque une prise de conscience. C'est une forme d'esprit qui n'est pas surajoutée à la mémoire de l'exercice de langue mais qui provient directement de la maîtrise du langage et de la position critique acquises au cours de l'exercice. L'inconscient du futur écrivain a bien encaissé et digéré les travaux d'abstraction et de symbolisation à l'école communale, peut-être stimulé par sa situation en porte-à-faux entre deux langues nationales. On peut rêver sur le fait que sa mémoire a transformé « l'oncle demeurant à Marseille » des deux orphelins du *Tour de la France* en un personnage étrange de père-mère inaccessible. On peut y voir la figure d'une écriture symbolique de la traduction des parlers différents.

Comprendre l'histoire de la littérature française c'est rassembler les grands traits de sa participation propre à la communication générale. Partout où un homme traduit sa pensée en langue française il porte témoignage (le mot français *traduire* date du XVe siècle, forgé par les juristes), il se rend capable de passer les frontières (l'acception « faire passer d'une langue dans une autre » a été tirée de l'italien au XVIe siècle) et il tente de faire partager son désir, ses idées, ses rêveries (le sens général a été repris du latin aux XVIIe-XVIIIe siècles). C'est cette liberté d'expression qui rend l'avenir imprévisible.

INDEX

Aikin-Barbauld (Anna-Laetitia), 78.
Alcuin, 8.
Aquin (Thomas d'), 122.
aube de Fleury, 13.
Aucassin et Nicolette, 22.
Aulnoy (Mme d'), 61.
argot, 82.

Balzac (Honoré de), 89.
Baudelaire (Charles), 108, 109, 119.
Beckett (Samuel), 121.
Bellay (Joachim du), 46.
Berquin (Arnaud), 78.

Campe (Joachim), 77.
Canterbury Tales, 38.
cas de conscience, 51.
Célestine (la), 38.
Chanson de Roland, 18, 30.
Chateaubriand (François-René de), 81.
Châtelet (Mme du), 64, 67.
Claudel (Paul), 116.
colinguisme, 7, 16, 19, 21, 29, 48, 68, 79 ; (nouveaux partenaires), 120.
communication, 16, 27, 71, 108, 110.
Compagnie de Jésus, 38.
Contes des Fées, 61.
Corneille (Pierre), 39, 51, 108.
cosmopolisme, cosmopolitisme, 67.
culture générale, 33, 40, 49, 63, 72.

Dante (Alighieri), 29, 36, 90.
Déclaration des Droits de l'Homme et du Citoyen, 72.
Descartes (René), 39, 66.
dictionnaire, 65, 103.
Dumas (Alexandre), 96.

Ecole, écoles, 6, 76, 105.
écriture, 5, 56, 62, 72, 78 ; (de référence), 80 ; (style), 108.
éléments, 73, 79 ; (français élémentaire), 93 ; (classes élémentaires), 79, 95, 106.
encyclopédies, 65.

femmes, 57, 78.
feuilletons, 77.
Flaubert (Gustave), 94.
folklore, 84.

Galilée (Galileo Galilei), 66.
Gaulle (Charles de), 82.
Genlis (Stéphanie de), 78.
Goethe (Wilhem von), 86, 89.
Goncourt (E. et J. de), 94.
goût, 19, 39 ; (esthétique de la communication), 103, 116.
grammaire, grammaires, 3, 29, 53, 62, 65, 75 ; (dictionnaire-syntaxe), 103 ; (analyse grammaticale scolaire primaire), 111.
graphies, 12 ; (orthographe), 103.
Guillevic (Eugène), 117.

Horace, 48.
Hugo (Victor), 94, 101, 108.

imprimerie, 34.
Ionesco (Eugène), 121.

Janequin (Clément), 49.
Joyce (James), 120.

Kant (Emmanuel), 87.

La Fayette (Mme de), 60.
La Fontaine (Jean de), 58, 60, 114.
laïc, pensée laïque, 15, 21, 63.
langues, langages ; (langue écrite), 3 et partout ; (royales), 6,

8, etc. ; (civile), 8, 74 ; (internationales + nationales + vulgaires), 6, 75, etc. ; (partenaires), 7, 75, 116, etc. ; (universelle), 6, 8, 16, 27, 51, 69, 73 ; (minorées), 75 ; (latine), 5, 7, 13, 114, etc. ; (latinismes), 19, 80 ; (vulgaires), 6, 13, 64 ; (vulgarismes), 86, 93 ; (de terroirs), 82, 84 ; (nationales), 71, etc. ; (allemand), 7, 10, 29, 64, 86 ; (américain), 119, 121 ; (anglais), 8, 28, 38, 52, 64, 117, 120 ; (arabe), 13, 23 ; (breton), 118 ; (chinois), 117 ; (espagnol), 17, 38, 52 ; (flamand), 52 ; (français), 3, 7, 14, 21, 75, 110, etc. ; (hébreu), 13, 16 ; (grec), 28, 40, 114 ; (italien), 29, 33, 40, 43, 52, 64 ; (japonais), 117 ; (occitan archaïque), 12 ; (provençal), 15, 29 ; (réto-roman), 12 ; (langue fictive), 12, 23, 41, 93, 105, 108, 115, 118.
La Sablière (Mme de), 60.
Leibniz (Wilhelm Gottfried), 64.
Lhomond (abbé), 79.
littérature, voir langue écrite, langue fictive.
Loyola (Inigo de), 38.
Lumières (siècle des), 63.

Mallarmé (Stéphane), 109, 119.
Merlin-Coccaie-Folengo, 42.
Michaux (Henri), 118.
Molière, 39, 54.
Montaigne (Michel de), 49.
Montesquieu (Charles de), 67.

Napoléon Bonaparte, 68.
nations, voir langues, peuples.
Nerval (Gérard de), 89.

Ossian (Macpherson), 84.

parlé, parlers, non écrit, 25, 66, 75.
Pascal (Blaise), 55, 64.
Péguy (Charles), 99.
père Duchêne (le) = Hébert, 83.
père Gérard (Almanach du), 83.
peuple (populations), 6 ; (populus/peuple/Volk), 10, 84.

Poe (Edgar), 119.
poésie, 18, 49, 101, 109, 116.
politique de la langue, 8, 26, 74, 114.
presse (à imprimer), 34 ; « la presse », 76 ; (les médias), 121.
Proust (Marcel), 98, 114.

Rabelais (François), 40.
Racine (Jean), 54, 108.
Rambouillet (Mme de), 59.
Réforme (la), 65.
renaissance, 33, 39, 76.
république, 11, 72, 95.
rhétorique, 51, 102, 108, 112.
Rimbaud (Arthur), 106, 116.
Robinson Crusoé, 77.
roman (genre littéraire), 22, 85 ; (« pour la jeunesse »), 94 ; (feuilleton), 77, 95 ; (policier), 119.
Ronsard (Pierre de), 46.
Rousseau (Jean-Jacques), 67, 73, 77.

Ségur (Sophie comtesse de) née Rostopchine, 94.
Serments de Strasbourg, 3, 6, 12, 72, 113.
Shakespeare (William), 38, 66, 88, 96, 105, 120.
signification, 13, 19, 42, 56, 83, 103, 113, 117.
Staël (Mme de), 87.
Stendhal, 93.
Sue (Eugène), 94.
Swift (Jonathan), 66.

Théâtre, 37, 54.
Thérèse d'Avila, 53, 61.
traduction, 7, 16, 24, 37, 78, 112, 115, 123 ; (élémentaire), 114 ; (intraduisible), 84, 118.

universités, 16.

Verne (Jules), 94.
Virgile, 48, 112.
Voltaire, 66.

Zola (Emile), 94.

TABLE DES MATIÈRES

Avant-Propos 3

Chapitre I — **L'Europe** 5

1. L'empire de l'écriture IVe-VIIIe siècle, 5 — 2. Les langues des nations européennes IXe siècle, 6 — 3. Les lieux du savoir IXe-XIVe siècle, 10 — 4. La première illustration de la langue française Xe-XIIIe siècle, 17 — 5. Le transfert du savoir XIVe-XVe siècles, 24.

Chapitre II — **Les livres et les théâtres** 33

1. L'affluence des idées européennes XVe-XVIe siècles, 33 — 2. Le goût français XVIe siècle, 39 — 3. Les voix de la conscience XVIIe siècle, 49 — 4. Pascal XVIIe siècle, 55 — 5. Les lettres des femmes XVIIe-XVIIIe siècles, 57 — 6. L'Europe des Lumières XVIIIe siècle, 63.

Chapitre III — **La libre communication** 71

1. Communion et communication, 1789, 71 — 2. Salles de rédaction, salles de classes XIXe siècle, 76 — 3. Les romans XIXe-XXe siècles, 85 — 4. Les poésies XIXe-XXe siècles, 101 — 5. Traduire sa pensée XXe siècle, 113.

Index 125

Imprimé en France
Imprimerie des Presses Universitaires de France
73, avenue Ronsard, 41100 Vendôme
Juin 1993 — N° 39 524